Risel · Grammatik kompakt

Heinz Risel

Grammatik kompakt

Philipp Reclam jun. Stuttgart

RECLAMS UNIVERSAL-BIBLIOTHEK Nr. 17666

Gesamtherstellung: Reclam, Ditzingen. Printed in Germany 2007
RECLAM, UNIVERSAL-BIBLIOTHEK und
RECLAMS UNIVERSAL-BIBLIOTHEK sind eingetragene Marken
der Philipp Reclam jun. GmbH & Co., Stuttgart
ISBN 978-3-15-017666-5

www.reclam.de

Inhalt

Vorwort

Die vorliegende Kompaktgrammatik unterscheidet sich von vielen anderen Angeboten auf dem Markt nicht nur durch ihren überschaubaren Umfang, sondern vor allem auch durch ihre Ausrichtung auf den alltäglichen Sprachgebrauch und den Sprachunterricht. Dabei soll sie verschiedene Leserkreise ansprechen:

Zum einen will sie für Deutschlerner einerseits, für Schülerinnen und Schüler der Oberstufe und für Lehramtsstudierende andererseits elementarstes Sprachwissen bereitstellen. Denn dieses wurde in der Schule oft unzureichend vermittelt oder seine Vermittlung liegt lange zurück. Daher ist dieses Sprachwissen nicht mehr präsent und muss aufgefrischt oder sogar neu geordnet werden, damit z. B. Konjunktionen nicht länger ausschließlich (und falsch) als »Aufschwung in der Wirtschaft« bzw. als Plural von »Konjunktur« verstanden werden.[1]

Üblicherweise wird intensiver Grammatikunterricht in Realschule und Gymnasium in den Klassen 5 und 6, höchstens noch in den Klassen 7 und 8 betrieben. Vor der Oberstufe scheint dann alles das gelernt worden zu sein, was mit Grammatik oder Orthographie zusammenhängt, so dass man sich nur noch dem argumentativen Aufsatz und der Erschließung schöngeistiger Literatur widmet. Diese Lücke versucht der vorliegende Band zu füllen.

Die zweite Aufgabe dieses Büchleins sieht der Verfasser in der Information täglich unterrichtender Lehrerinnen und Lehrer, insbesondere jener, die dies als eigentlich

1 Vgl. den Beitrag »Beugt euch!« von Wolfgang Krischke in der *Zeit* vom 23. März 2005.

Fachfremde tun. Beim täglichen Unterrichtsgeschäft wird man ständig mit grammatischen oder grammatikhaltigen Problemen unterschiedlicher Art konfrontiert. So fordern Schreibprobleme von Schülern, Text- und Rechtschreibkorrekturen, literarische Verständnishürden und Interpretationen oder Stil- und Akzeptanzprobleme im Zusammenhang mit mündlicher Sprachverwendung angemessene Entscheidungen vor dem Hintergrund eines zureichenden Grammatikwissens.

Aus diesen Motiven heraus werden im Folgenden in den verschiedenen Ausführungen jeweils grammatische Auffälligkeiten eingestreut. Sie zeigen auch, dass die nachfolgenden Informationen zum Sprachsystem nichts Abstraktes sind, das mit dem wirklichen Sprachgebrauch nichts zu tun hätte.

Nach der Lektüre sollte deutlich geworden sein, dass eine nachdenkliche Haltung gegenüber der Sprache wichtiger ist als ein grammatisches Schwarzweißdenken, das ständig nach Vorgaben und Normen fragt.

Der kompakte Umfang des Büchleins steht selbstredend im Gegensatz zu einem Vollständigkeitsanspruch. Wer erschöpfende Antworten auf sprachsystematische Fragen sucht, wird bei vielen Resultatsgrammatiken fündig. Eine Auswahl ist in der Literaturliste aufgeführt.

Heinz Risel

1 Grammatische Proben

Oft bestimmen Schüler oder Studenten Wörter, Satzglieder und Sätze nach dem Muster »X ist Y«: »›Mut‹ ist ein Substantiv, ›schwierig‹ ist ein Adjektiv, ›der Fahrer‹ ist Subjekt im Satz« usw. Dabei kann es leicht zu Fehleinordnungen kommen, denn es mangelt an Kriterien dafür, warum X ein Y sein soll. Diese Fehleinordnungen sind jedoch leicht zu vermeiden, denn zur Grundlegung und Überprüfung solcher Entscheidungen stehen seit Jahrzehnten die sogenannten grammatischen Proben zur Verfügung.

Kritiker mäkeln zwar, dass vor ihrer Anwendung die durch sie erst zu gewinnende Einsicht eigentlich schon vorhanden sein müsse. Der geläufige Umgang mit diesen Verfahren ist jedoch ein wichtiges Instrument, um sprachliche Einsichten zu gewinnen.

Deshalb werden nachfolgend die wichtigsten Proben aufgeführt.[2] Außerdem beziehen wir uns in den jeweiligen Kapiteln auf diese Verfahren, weshalb hier nur einige wenige Beispiele illustrierend beigegeben sind.

(1) Die vielleicht populärste Probe ist die *Umstellprobe*. Wenn sie im Satz angewendet wird, bewegt man automatisch Satzglieder. Am deutlichsten wird dies, wenn man Wörter oder Wortgruppen vor die Position des finiten (d. h. des veränderlichen)[3] Verbs im Aussagesatz verschiebt (»Erststellenfähigkeit«). Vielleicht wichtiger noch für die Sprachpraxis ist jedoch das Umstellen von Satz-

2 Ausführlichere Darstellungen finden sich in der Duden-Grammatik (2006) S. 139 ff. und bei Gallmann/Sitta (1996) S. 12 ff.

3 Wichtige Fachbegriffe finden sich in den entsprechenden Kapiteln, zusätzlich in Kurzform auch im Glossar (S. 152–154) erläutert.

gliedern, um Monotonie zu vermeiden und Aussagen zu gewichten. Alternativbezeichnungen für die Umstellprobe sind die *Verschiebeprobe*, die *Vertauschungsprobe* oder die *Permutation*. Das folgende Beispiel zeigt, dass die Wortfolge von »mit« bis »Knall« ein Satzglied ist und dass im ersten Satz die Lautstärke des Geschehens besonders gewichtet wird, während der zweite Satz den Normalfall mit Spitzenstellung des Subjekts verkörpert.

> Mit einem ohrenbetäubenden Knall explodierte die Gasleitung.
>
> Die Gasleitung explodierte mit einem ohrenbetäubenden Knall.

(2) Die *Weglassprobe* (*Tilgung*, *Elision*) wird meist unterschätzt. Mit ihrer Hilfe lassen sich vor allem Kerne von Wortgruppen von ihren Attributen (d. h. ihren näheren Erläuterungen) unterscheiden und nicht vom Verb geforderte Adverbiale im Satz von obligatorischen (unverzichtbaren) Satzgliedern. Nach der Weglassprobe müssen grammatisch akzeptable Ausdrücke zurückbleiben. In didaktischer Hinsicht hat das Tilgen den Vorteil, die Leistung des Weggelassenen hervortreten zu lassen: Erst wenn etwas fehlt, merkt man, was das nun Fehlende vorher geleistet hat. Auch beim Verbessern von Texten kann manchmal weniger mehr sein. Das Beispiel belegt, dass »Räder« den Kern der Wortgruppe bildet.

> ~~Schnelle und teure~~ Räder ~~aus Kohlefaser~~ waren am Start. – Räder waren am Start.

(3) Satzglieder, Wortarten und weitere Kategorien können auch durch die *Ersatzprobe* (*Substitution*) bestimmt werden. Der schulische Merksatz zur Schreibung von **das** und **dass** ist beispielsweise eine Konkretisierung der Ersatzprobe:

»Das **s** von **das** muss einfach bleiben, kannst du dafür **dieses** oder **welches** schreiben.«

Auch Wortstämme sind auf diese Weise zu gewinnen. Was anstelle von »brauch« in die Lücke von »unbrauchbar« passt, ist ein Wortstamm: »undenkbar/denk« usw. Vergleichbares gilt für die grammatische Mehrdeutigkeit von Wortformen: Ist etwa unklar, ob »der Frau« in einem Satz im Genitiv oder Dativ steht, dann lässt sich der Kasus (einer der vier Fälle Nominativ, Genitiv, Dativ, Akkusativ) eindeutig festlegen, indem man »der Frau« durch ein Maskulinum (ein Wort mit männlichem Geschlecht) im Singular ersetzt, auch wenn dies inhaltlich nicht passen muss: »der Mann«.

Seitens der Frau gab es keine Einwände.

*Seitens dem Mann[4] ...

Seitens des Mannes ...

Durch Ersetzen lassen sich auch unübersichtliche Satzglieder bestimmen und kann darüber hinaus beim Verfassen eines Textes Variation erzeugt werden. Solche Ersatzwörter können inhaltlich vollwertige Wörter oder Pronomen (d. h. Wörter, die für andere Wörter stehen bzw. diese ersetzen) sein:

4 Wird im Folgenden ein Ausdruck oder ein Satz mit einem Stern * gekennzeichnet, handelt es sich um eine ungrammatische Fügung.

> Schnelle und teure Räder aus Kohlefaser waren am Start. – Rennmaschinen waren am Start. / Sie waren am Start.

Liegen Wörter vor, die verschiedenen Wortarten zugeordnet werden können, hilft die Ersatzprobe bei der Identifizierung. Im folgenden ersten Satz ist **das** als Relativpronomen identifiziert und damit rechtschreiblich nicht mit Doppel-**s** zu realisieren, wenn es durch **welches** ersetzt werden kann.

> Ein Rad, das einen Rahmen aus Kohlefaser hat, ist federleicht.
>
> Ein Rad, welches einen Rahmen aus Kohlefaser hat, ist federleicht.

(4) Die *Einsetzprobe* ist eine Art Erweiterungsprobe. Damit kann beispielsweise die Wortart Adjektiv sicher bestimmt werden. Passt ein Wort zwischen Artikel und Substantiv, handelt es sich um ein Adjektiv:

> problemlos – die problemlose Abwicklung

Was in die folgende Lücke eingesetzt werden kann, muss ein Verb sein:

> Katrin ___ heute. – Katrin schläft heute.

(5) Nicht unbedingt sehr zuverlässig, aber doch in der Lage, einen Anhaltspunkt für sprachliche Bestimmungen zu liefern, ist die *Klangprobe*. Unbestreitbar haben Fragesätze eine andere Satzmelodie als Aufforderungssätze. Auch gibt die Klangprobe einen Hinweis darauf, ob ein Wort vorliegt oder eine Wortgruppe: »zusammen laufen« (gemeinsam laufen) hat zwei Wortakzente, während »zusammenlaufen« (sich vereinigen) nur einen hat.

(6) Die *Ableseprobe* wurde oben bei der Ersatzprobe indirekt mit aufgeführt. Wenn eine mehrdeutige Wortform im Femininum durch ein Maskulinum ersetzt wird, ist am Artikelwort **der**, **des**, **dem**, **den** leicht der Kasus abzulesen. Dasselbe gilt für nachgestellte Wortbausteine. Findet sich am Wortende vor eventuell vorhandenen Flexionssuffixen ein Suffix wie **-ung**, liegt ein Substantiv vor, findet sich **-bar**, liegt ein Adjektiv vor, bei **-weise** ein Adverb, bei **-ier(en)** ein Verb usw.

(7) Die *Flexionsprobe* ist für eine Einteilung der Wortarten wesentlich. Verändern sich Wörter in einer bestimmten Weise, ergibt dies mehr oder weniger deutliche Hinweise auf ihre Wortartzugehörigkeit. Didaktisch genutzt wird dies unter anderem als Steigerungsprobe (Komparationsprobe), um Adjektive zu identifizieren, oder als sogenannte **ich**/**du**-Probe für Verben.

verwerflich – verwerflicher – am verwerflichsten

Die Komparation zeigt die Adjektivzugehörigkeit an.

ich fische – du fischst

Personendungen zeigen die Zugehörigkeit zu den Verben.

genug – *genugen

Hier ist keine Flexion möglich, damit liegt ein Hinweis auf die Zugehörigkeit zu den Adverbien vor.

2 Laute, Silben und Buchstaben

Viele Fachleute sind der Meinung, dass Silben und Buchstaben nicht unbedingt in eine Grammatik gehören. Andererseits ist es aber gut, zu wissen, aus welchen Grundelementen Wörter aufgebaut sind. Entsprechendes Wissen hilft zum Beispiel, der Wirkung von literarischen und Gebrauchstexten auf die Spur zu kommen, Dialekte und insbesondere einen wesentlichen Teil der Rechtschreibnormen zu verstehen sowie den Spracherwerb von Kindern genauer zu beschreiben.

Wenn ein Autor wie James Krüss in seinem bekannten Kindergedicht »Das Feuer« dessen Flammen durch »knicken, knacken, krachen, knistern« hörbar macht, wenn es »rauscht und saust, brodelt, brutzelt, brennt und braust«, wenn Hugo Ball in seinem dadaistischen Gedicht »Karawane« beim Leser Bilder zur Lautfolge »wulubu ssubudu uluw ssubudu« erzeugt oder wenn Annette von Droste-Hülshoff den Knaben – »ho, ho, hu, hu« – durchs schaurige Moor gehen lässt, immer dann werden Laute bewusst eingesetzt, um eine bestimmte Wirkung zu erzielen, eine Atmosphäre entstehen zu lassen. Wer diese Lautmalerei beschreiben will, kann die entsprechenden Passagen aus dem literarischen Text zitierend wiederholen oder aber zusammenfassend Oberbegriffe wie ›Vokal‹ usw. verwenden. Stehen solche Oberbegriffe zur Verfügung, so lässt sich das nächste Phänomen dieses Typus besser beschreiben.

Laute werden grundsätzlich in zwei Gruppen eingeteilt. Die Gliederung wird entsprechend der Eigenschaft der Laute vorgenommen: ob sie als Luftstrom unbehindert durch Mund oder Nase ins Freie gelangen oder ob sie durch Zunge, Zähne oder Lippen behindert werden. Die erste Gruppe wird als *Vokale* bezeichnet, die zweite als *Konsonanten*. Zu den Vokalen gehören neben [a], [e] usw. auch Sondergruppen wie die Umlaute ([ü] ...) und die Zwielaute ([ai] ...). Letztere heißen auch Diphthonge. Die schulische Übersetzung für alle Vokalvarianten lautet »Selbstlaute«, weil zu ihrer Artikulation keine weiteren Laute benötigt werden. Im Gegensatz dazu sind Konsonanten oft nur mit anderen Lauten zusammen gut hörbar: **ka**, **el**, **te** lauten die Buchstabennamen für einige dieser »Mitlaute«.

Bei Droste-Hülshoffs »Knabe im Moor« tauchen mehrere Wörter mit den wiederkehrenden Vokalen [au], [o:] oder [u:] auf, also mit im Mundraum hinten gebildeten Lauten. In dem Krüss-Gedicht kann der Vokalwechsel [i]-[a] – [a]-[i] als Illustration für die Dynamik des Feuers gelesen werden. Identisch bleibt im Zitat der jeweilige Anlaut [k], öfter sogar [kn]. Die letztgenannte Lautfolge kann als Silbenanfang, genauer: als Silbenanfangsrand bezeichnet werden.

Sowohl Vokale als auch Konsonanten lassen sich weiter unterteilen bzw. in Untergruppen zusammenfassen, Letztere nach Artikulationsart und -ort sowie nach Behauchung [p^{h}aul] und Stimmhaftigkeit ([d] – [t] usw.). Die Stimmgebung lässt sich leicht spüren, indem man beispielsweise ein gesummtes »Bienen-**s**« einem scharf gezischten »Schlangen-**s**« gegenüberstellt.

Nicht nur Dichtung, auch Werbetexte setzen auf lautliche Auffälligkeiten. Neben der Alliteration (»Milch macht müde Männer munter«) gibt es beispielsweise Verdrehungen als Blickfang: »Futen glug!« »Ute greise!« (McDonald's-Werbung), »Bürger – das gewisse Esswas« (Teigwaren) u. a. m.

Der Entertainer Jürgen von der Lippe reimte in einer seiner Fernsehsendungen einmal »kocht« auf »Sport« (**Spocht*), und der Fernsehkoch Johann Lafer goss Brühe »in einen gleinen Dobf« – zwei von unzähligen Belegen dafür, dass ein einheitliches Deutsch als gesprochene Sprache weitgehend Fiktion ist. In Wirklichkeit existieren viele Dialekte bis hin zu lokalen Besonderheiten, die von Ort zu Ort wechseln (Ortsmundarten). Eine Ebene, auf der sich diese Regionalsprachen vom Hochdeutschen der Medien und der Theaterbühnen unterscheiden, ist die lautliche. Andere Abweichungen betreffen Wortbausteine, ganze Wörter und ihre Bedeutungen, den Satzbau oder die Betonung.

Reimt sich »Sport« auf »kocht«, so wird das oft am Zäpfchen gebildete *r* auf besondere Weise artikuliert, beinahe als *ch*. Dies ist im Rheinischen üblich. Das frühere Fußballidol Lothar Matthäus würde als Franke dagegen das *r* rollen, wobei die Zunge kurz gegen den Zahndamm schlägt. Solche Ausssprachefeinheiten können in Symbolen festgehalten werden: Zäpfchen-*r*: [R], Lothar-Matthäus-*r*: [r] usw.

Bei Lafers Variante von »in einen kleinen Topf« zeigt sich die süddeutsche Konsonantenerweichung, die auch bei Schwaben und Alemannen anzutreffen ist. Vor allem im Anlaut vor Konsonant werden die Verschlusslaute [p][t][k] zu [b][d][g]. Teilweise werden die stimmlosen (»harten«) Laute auch im Auslaut erweicht, wie das Ende von »Dobf« zeigt. Die Sachsen schaffen eine Konsonantenerweichung im Anlaut auch vor Vokalen, wenn sie beispielsweise »Kaffee« vorn mit [g] sprechen; sie machen dabei auch das lange [e:] zu einem unbetonten (**gaffe*).

Für weitere Dialektregionen ist z. B. die Reduktion von [pf] zu [f] wie in »Flanze« (Pflanze) oder [p] wie in »Parrer« (Pfarrer) oder die *ch*-Artikulation bei [g] (»guten

Tach«, »Nürnberch«) typisch, für das Rheinland kennzeichnend etwa die Vertauschung von *sch* und *ch* (»Frau, isch freu misch«), usw.

So hat, von dialektarmen Gebieten abgesehen, jede Landschaft ihre lautlichen Besonderheiten, an denen ihre Bewohner schnell erkannt werden.

Vor allem in der Schule ist es notwendig, zwischen dem Gesprochenen und dem Geschriebenen strikt zu unterscheiden. Zu oft wird Gesprochenes ausschließlich durch die Brille der Schrift gesehen und damit unangemessen beschrieben. Einem Grundschulkind ist wenig geholfen, wenn es beim Schreiben von »viel«, »Rucksack« oder »Spaß« den Rat bekommt: »Hör genau hin!«, oder wenn bei »kommen« davon gesprochen wird, dass in der Mitte »Doppelkonsonanten« stünden, denn streng genommen ist dies gar nicht der Fall, es stehen lediglich doppelte Buchstaben für nur einen Konsonanten ([m]). Das silbische Sprechen, bei dem das [m] zweimal zu hören ist, funktioniert nur dann, wenn man schon vorher weiß, dass Doppel-m im Wort enthalten ist.

Insgesamt ist aber festzuhalten, dass gerade Schreibanfänger zuerst lernen müssen, lautbezogen zu schreiben. Für sie ist es eine große Leistung, »Mäuse« als »*MOISE« zu Papier zu bringen. Sie müssen auch lernen, dass es Buchstaben gibt, denen zwei Laute entsprechen (*x* – [ks]), oder Verbindungen aus mehreren Buchstaben für nur einen Laut (*sch*, *ch*, *ie*, *ieh*, *mm*, *ck* …).

Für Fortgeschrittene sind größere Einheiten, die *Silben*, bei der sogenannten Silbentrennung von Bedeutung: Gesprochene Silben sind die Grundlage für die Worttrennung am Zeilenende, um den Schreibraum auszunutzen: »le-ben«, »Woh-nung« … Silben haben meist einen vokalischen Kern, so dass auch einzelne Vokale Silben bilden können: »a-ber«, »e-ben«. Eine Abtrennung von Einzelbuchstaben ist jedoch nicht sinnvoll und daher vom Rat für Rechtschreibung neuerdings untersagt. Nicht alle Trennungen gründen andererseits auf der silbischen Artikulation. Bei »Empfang« beginnt die zweite Silbe mit *pf*, getrennt wird jedoch vor dem letzten Konsonantenbuchstaben, also »Emp-fang« (vgl. §§ 107 ff. der amtlichen Regelung). Die Tatsache, dass Silben für weitere rechtschreibliche Regelungen herangezogen werden, ist nicht unumstritten.

Bis Kinder »richtig« sprechen können, bringen sie u. a. Laute oder Silbenteile durcheinander oder lassen sprachliche Elemente weg bzw. fügen sie hinzu. Im Spracherwerb kommt es deshalb zu einer Vielzahl von Abweichungen gegenüber der Erwachsenensprache: »*Erlektriker« für »Elektriker«, »*aufmacht« für »aufgemacht«, »*abbebaut« für »abgebaut«, »*Schrubschrauber« für »Hubschrauber«, »*Tsitsaki« für die griechische Jogurtspeise »Tsatsiki« usw.

Solche Abweichungen sind auch bei Erwachsenen-Versprechern zu bemerken, über die man schmunzeln kann: »schadenfeinig« – »fadenscheinig« oder »Einqualtschoten« – »Einschaltquoten« (hier Vertauschung des Silbenanlauts).

3 Wortbausteine

Im Blumenstrauß fehlt mir noch ein kleender Blüh.
Da könnte man vor Blass erneiden.
Zugentschlaf (Schlafentzug)
Er sah, dass der Drache entstaunt war.

Obwohl Sprachbenutzer intuitiv Wörter als die kleinsten Einheiten der Sprache verstehen, zeigen die obigen Versprecher, dass unsere Sprachverarbeitung unterhalb der Wortebene sogenannte Wortbausteine bewegt. Dabei kann es vorkommen, dass diese Bausteine nicht ganz passend in die geplanten Strukturen eingesetzt werden. Von Sprachwissenschaftlern werden die Bausteine als *Morpheme* bezeichnet und u. a. danach sortiert, ob sie selbstständig als Wörter vorkommen oder nicht und an welcher Stelle im Wort sie stehen.

Im ersten Versprecher eines Grundschulkindes werden nicht zwei Wörter vertauscht, sondern zwei Wortstämme, kurz: *Stämme*. Hinsichtlich seiner häufigsten Verwendung ist »blüh« kein eigenständiges bzw. vollständiges Wort, sondern ein Wortteil. Er ist Hauptbedeutungsträger in Wörtern wie »verblühen« oder »Frühblüher«.

Die zweite Äußerung stammt von einer Erwachsenen und zeigt denselben Sprachplanungsunfall. Fälle wie in Beispiel drei sind eher selten anzutreffen, hier ist die Reihenfolge der Stämme im Wort vertauscht. Die vierte Äußerung, wiederum von einem Grundschulkind, enthält die Verwechslung von **er-** und **ent-**, zwei Bausteinen, die vor Stämmen stehen, hier vor dem Stamm

»staun«. Solche vorangestellten Bausteine nennt man *Präfix*, für Schulkinder verständlicher ausgedrückt »Anbau vorne«.

Die Bestimmung der Wortbausteine geht nicht immer reibungslos vonstatten. Man braucht dazu ein Wortpaar, das sich in genau einem Element unterscheidet, zum Beispiel »Wind« – »windig«. Damit ist klar, dass **-ig** ein eigener Wortbaustein ist. Er ist dem Stamm nachgestellt und heißt deshalb *Suffix*, also so viel wie »Anbau hinten«, »Anhängsel hinten«. So klein das Suffix ist, so wichtig ist es doch, denn durch Hinzufügung des Suffixes wird aus einem Substantiv ein Adjektiv. Deshalb bezeichnen manche Grammatiken **-ig** als »Kopf« des Wortes. Neben dieser grammatischen Funktion existiert auch eine inhaltliche Bedeutung: Etwas hat die Eigenschaft, die vor dem **-ig** steht.

Präfixe und Suffixe sind unselbstständig, während die Hauptbedeutungsträger, die Stämme, bei Adjektiven und Substantiven frei vorkommen können.

Grummel! Ächz! Würg! Schnapp! Schluck! Stöhn!

Diese Comic-Wörter sind neben einigen Befehlsformen wie »Komm!« oder »Hol!« (aber: »Lies!«, »Wirf!«, nicht »*Les!«, »*Werf!«) die einzigen Fälle, in denen Verbstämme selbstständig vorkommen. »Ächz!« verkörpert sowohl eine Lautäußerung als auch eine Gefühlslage, beides ist zeichnerisch im Comic nicht oder nur schwer abbildbar. Insofern könnte man diese ungebeugten Verbformen (»Inflektive«) als »Konkretisierer« in Jugendsprache und Comics bezeichnen.

*wohnung

*Bergig

*das Feigling

Die drei Fehler zeigen, dass ohne Beachtung der Suffixe Rechtschreib- und Grammatikfehler entstehen können. Während **-ig** als Wortartsignal indirekt die Kleinschreibung anzeigt, verweist **-ung** auf großzuschreibende feminine Substantive und **-ling** auf Maskulina (»der Feigling«). Das grammatische Geschlecht ist also an vielen Suffixen ablesbar. So ist es zu erklären, dass wir bei **-chen** und **-lein** trotz anderem natürlichen Geschlecht des Ursprungswortes »das Mädchen« oder »das Männlein« sagen. Suffixe sind folglich für Nichtmuttersprachler Hilfen für den Gebrauch der richtigen Begleiter.

Friedwald (eine Art Friedhof im Wald)
bemauten (als mautpflichtig ausweisen)
Verspargelung (der Landschaft; aus einer Kampagne gegen Windräder)

Diese und zahlreiche weitere Beispiele verdeutlichen, dass durch das Bausteinprinzip eine unbegrenzte Anzahl an Wortneubildungen hergestellt werden kann. Im *Deutschen Universalwörterbuch* (2001) waren die aufgeführten drei Neuwörter (Neologismen) noch nicht verzeichnet. Ob sie sich im allgemeinen Sprachgebrauch halten, also dauerhaft gebräuchlich werden, hängt davon ab, ob die bezeichneten Sachverhalte oder Gegenstände Zukunft haben oder nicht. So gibt es auch Wörter, die wieder sterben. »Mauerspecht« ist ein bekanntes Beispiel dafür. Diese Gelegenheitsbildung für Menschen, die 1989 aus der Berliner Mauer Bruchstücke herausgehauen haben, wird im Moment nicht mehr benötigt, also verschwindet diese Bildung schließlich, auch aus den Wörterbüchern.

Man unterscheidet zwei Hauptarten der Wortbildung: *Zusammensetzung* (Komposition) und *Ableitung* (Derivation). Bevor diese charakterisiert werden, soll eine Abgrenzung der beiden Phänomene von der *Beugung* (Flexion) vorgenommen werden. Im Beispiel »verkauft« liegt die Kombination eines unselbstständigen Präfixes und eines Verbstammes vor: aus »kauf« wird »verkauf«. Damit der neue komplexe Stamm, der gegenüber dem einfachen Stamm natürlich eine neue Bedeutung hat, im Satz als Wort genutzt werden kann, benötigt er bestimmte Merkmale. Solche Merkmale sind beispielsweise Person und Numerus: »ich verkaufe«, »wir verkaufen«. Diese Suffixe werden zwar auch an den Stamm angehängt, lassen jedoch kein neues Wort mit einer neuen Bedeutung entstehen. Sie tragen nur grammatische Signale und werden *Flexionssuffixe* genannt.

> Traubenkernaromaölsprudelbad (Radiowerbung des Hotel- und Gaststättengewerbes, Januar 2004)

Das Deutsche ist als eine Sprache bekannt, die unendlich lange *Komposita* bilden kann. In diesem tatsächlich nicht ironisch oder witzig gemeinten Wort aus einem Werbespot sind sechs Stämme verbunden, die ersten beiden wurden noch durch ein Fugenelement **-n-** zusätzlich ›verklebt‹.

Der Komposita-Gebrauch in der informierenden Werbung, in juristischen, wissenschaftlichen und anderen Fachtexten zeigt die Funktion dieser Wortbildungsart: Sie dienen der sprachökonomischen Informationsverdichtung. Länger, aber auch leichter zu entschlüsseln wären Umschreibungen wie »Sprudelbad mit Traubenkernaromaöl« oder »Sprudelbad mit Aromaöl aus Traubenkernen«.

In der Forschung wird darüber gestritten, ob Komposita als Fügungen aus Stamm + Stamm oder Wort + Wort zu erklären sind. Bei »Lesart« oder »Sehkraft« wird deutlich, dass die Erstglieder keine frei vorkommenden Wortformen sind, sondern Verbstämme.

Seh	**kraft**
/	\
Stamm	Stamm
Hauptakzent	Nebenakzent
Bestimmungswort	Grundwort
modifiziert Grund- bedeutung	Grund- oder Hauptbedeutung
	grammatischer Kopf: Substantiv, Femininum

Besonders leicht zu entschlüsseln sind Komposita wie »Gagschreiber«, denn »schreib(en)« ruft im Satz jemanden auf, der schreibt, und üblicherweise etwas, das geschrieben wird. Diese beiden Mitspieler des Verbstamms werden im Kompositum repräsentiert: Die Endung **-er** steht für den Handelnden, das Subjekt, ein »Gag« ist das, was geschrieben wird und im Satz als Akkusativobjekt realisiert wäre.

Im Gegensatz zu diesem Typ enthält »Fernsehbier« im zweiten Bestandteil »bier« keinen Stamm, der entsprechende Mitspieler verlangt. Insofern ist nicht eindeutig zu entscheiden, ob von einem Bier die Rede ist, das beim Fernsehen getrunken wird, oder von einem überregionalen Bier, für das im Fernsehen intensiv geworben wird.

Unglücksrabe Grünschnabel Pechvogel
Leseratte Bücherwurm Dickkopf
Dummkopf Scherzkeks

Für Deutschlerner stellen Komposita dieses Typs ebenfalls Lernhürden dar, denn sie weichen von der Struktur AB = B ab. Zwar bestimmt auch hier das Erstglied A das Zweitglied B, ein »Scherzkeks« ist aber kein Keks, sondern ein lustiger Mensch, ein »Grünschnabel« kein Schnabel, sondern ein Anfänger. Diese besonders farbigen Ausdrücke sind also in ihrer übertragenen Bedeutung als neuer, eigenständiger Ausdruck zu lernen. Die Wissenschaft charakterisiert sie als »exozentrisch«, weil sie nicht aus der Bedeutung ihrer Teile zu erschließen sind, sondern über diese hinausweisen: AB ist eigentlich C.

Einkommensteuer Einkommenssteuer
Geschenksidee
Rechnungswesen
Anwaltsverein

Die Beispiele dokumentieren den Sachverhalt, dass zwischen Kompositabestandteilen *Fugenelemente* auftreten (können). Fachsprachlich entfällt das Fugen-s bei »Einkommensteuer«, allgemeinsprachlich wird es gesprochen. In Österreich enthält die »Geschenkidee« ein Fugen-s, was regionale Variation verkörpert. Das vierte Kompositum steht für die Tatsache, dass nach bestimmten Endungen Fugenelemente zwingend sind (»Einheitskleidung«, »Neuigkeitswert«, »Mannschaftssport« ...), das letzte dafür, dass diese kleinen Lückenfüller nicht immer als alte Plural- oder Genitivformen zu erklären sind: Ein »Anwaltsverein« ist ein Verein für Anwälte, nicht der eines Anwalts. Die nicht durchgehend systematisch auftretenden Fugenelemente (**-s-**, **-es-**, **-er-**, **-en-**, **-n-**) sind – neben der Ausspracheerleichterung – am ehesten als Hinweis auf die Wortbildungsart zu lesen. Der Stamm wird eher gekürzt bei Ableitungen und eher verlängert bei Zusammensetzungen: »Pfläum|chen« – »Pflaume|n|kuchen«.

Unsere Beispiele für Komposita entstammen den Substantiven und sind auch für diese Wortart typisch. Doch Adjektive (»mittelschwer«) oder Verben (»mähdreschen«) können ebenfalls Komposita bilden.

Die Verbindung aus unselbstständigen Bausteinen und Stämmen wird *Ableitung* genannt. Sie ist typisch für Adjektive: »eklig«, »launisch«, »freundlich«, »sparsam«, »lesbar« ... Das erste Beispiel der Reihe erinnert an die Gewinnung der Morpheme: Das Wortpaar »Ekel«/»eklig« zeigt, dass die Bausteingrenze nach dem »l« verläuft und eine silbenbezogene Gliederung (»*ek-lig«) nicht zum Ziel führt. Bei »eklig« wird auch deutlich, dass es beim Zusammenfügen der Morpheme kleinere Änderungen geben kann: Das unbetonte »e« entfällt, dies trifft auch auf das »e« von »Laune«/»launisch« zu.

Ableitungen sind ebenso bei Substantiven (»Bestimmung«, »Dummheit«, »Schwierigkeit«, »Hindernis«, »Beamtentum«), seltener aber bei Verben zu beobachten (»lachen« – »läch|el|n«, »spion|ier|en«). Einige Forscher setzen bei Wörtern wie »bekreuzig(en)«, »besänftig(en)« oder »beleidig(en)« statt der Reihe Präfix/Stamm/Suffix ein den Stamm umfassendes oder einschließendes *Zirkumfix* **be - ig** an.

Das folgende Beispiel zeigt die Struktur eines abgeleiteten Wortes:

Ver	wechsl	ung
Präfix	Stamm Hauptakzent Hauptbedeutung	Suffix
		grammatischer Kopf: Substantiv, Femininum

Das Präfix **ver-** hat verschiedene Bedeutungen, eine davon ist hier zu sehen: »auf falsche Art und Weise« (wie »sich verschreiben«, »verlesen«, »vertun«).

Wörter wie »abwechseln« werden wissenschaftlich unterschiedlich beschrieben, denn **ab-** ist nicht wie **ver-** unselbstständig. Das spräche für eine Zusammensetzung, ebenso wie die Betonung auf dem Erstglied: »ábwechseln«. Andererseits ist bei **ab** eine lokale Bedeutung wie »weg von« nicht mehr zu erkennen. Damit ist eine Nähe zu Präfixen gegeben, und es läge eine Ableitung vor. Die am häufigsten verwendete Bezeichnung für diese Zwitter ist *Partikelverben*. Der Name ist so zu erklären, dass die Erstglieder den nichtflektierbaren grammatischen Wortarten Adverb (»herkommen«) und Präposition (»vorfahren«) angehören, die mit anderen Wortarten zusammen als Partikeln im weiteren Sinne bezeichnet werden. Als Untergruppe der Partikelverben sind die abweichend betonten nichttrennbaren Partikelverben anzusprechen: »einen Roman übersétzen« (konkurrierend: »mit dem Schiff űbersetzen«), »ein Hindernis umfáhren« (aber: »einen Fußgänger úmfahren«).

Eine besondere Erscheinungsweise der Ableitung ist der Wortartwechsel, bei dem, salopp formuliert, sonst nichts passiert. Solche Konversionen liegen vor bei »blau« – »(das) Blau« oder »Trompete« – »trompet(en)«. Auch das jugendsprachliche »schwallen« im Sinne von zu viel reden gehört dazu (»der Schwall«). Die Infinitivmarkierung **-en** zählt dabei wie oben das **-t** von »verkauft« nicht als Wortbildungssuffix. Es ist Flexionssuffix, es wird damit also dem Ausgangsstamm kein ›morphologisches Material‹ im Sinne der Wortneubildung hinzugefügt.

Keine eigenständige Wortbildungsart stellt die Kurzwortbildung dar. Kurzformen wie »Tacho«, »Dr.«, »Lkw« oder »USA« sind keine Neubildungen, sondern lediglich kurze Formen für vorhandene einfache oder komplexe Wörter oder Wortgruppen.

Abschließend soll auf die besondere Bedeutung der Morpheme für das Lesen und Rechtschreiben eingegangen werden.

basteln – bestellen

WASCHEN – NASCHEN – NÄSCHEN – VÄSCHEN – RÖSCHEN – RÜSCHEN

Beim lauten Lesen dieser beiden Wortreihen kommt es bei Ungeübten möglicherweise zu Verlesungen. Sie beruhen im ersteren Fall darauf, dass am Wortstammanfang *scht* als »st« geschrieben wird, dieses »st« jedoch im Wortstamm *st* gesprochen wird. Bei der zweiten Wortreihe liegt die Morphemgrenze einmal nach dem »ch«, einmal davor (»wasch|en«, aber »Näs|chen«).

Berg – Berge	
lieblich – traurig	
verlaufen – Ferkel, fernsehen, fertig	
vorkommen – fortgehen	
mitteilen, aussehen	
Sitzplatz – Geburtstag	
Geräusch – rauschen	behände
alt – knallt	

Große Wirkung haben die Wortbausteine auf die Rechtschreibung des Deutschen. Bei »Berg« wird im Hochdeutschen als letzter Laut *k* artikuliert. Beim Schreiben wird diese Auslautverhärtung korrigiert und der Stamm für die schnelle Sinnentnahme im Interesse der Leser konstant gehalten.

Am Wortende gleich ausgesprochen werden »lieblich« und »traurig« (*-ich*), das Suffix jedoch wird **-ig** verschriftet, wie es auch bei der Verlängerung »traurige« zu hören ist. Dies betrifft ebenso Wortausgänge, bei denen **-ig** kein Suffix ist (»Honig«, »König«).

Die lautgleichen Wortanfänge von »verlaufen« bis »fortgehen« belegen, dass die **v**-Schreibung an die Bedeutungsträger **ver-** bzw. **vor-** gekoppelt ist, während die zufällige Lautfolge *fer* mit **f** geschrieben wird.

Bei »mitteilen«, »aussehen« oder »annehmen« und vielen anderen Wörtern ist der zweite Konsonant an der Morphemgrenze nicht oder kaum noch hörbar. Man muss also über ein Wissen über die zugrundeliegenden Wortbausteine verfügen, um ihn verschriften zu können.

Das Fugen-**s** nach **t** in »Geburtstag« hört sich genauso an wie das Ende der beiden Silben von »Sitzplatz«, auch hier müssen Schreiber entsprechendes Wissen haben, wenn sie in »Geburtstag« kein **z** schreiben wollen (»*Geburtztag«).

Wenn der Laut *oi* verschriftet werden soll, ist die Normalschreibung die Buchstabenverbindung **eu** wie in »Eule«. Für Leser ist es aber hilfreich zu sehen, dass »Geräusch« etwas mit »rauschen« zu tun hat oder »behände« mit »Hand«. Deshalb müssen Schreiber sich plagen und die entsprechenden, vergleichsweise seltenen Umsetzungen lernen; bei **äu** sind dies beispielsweise nur 15 % der *oi*-Schreibungen gegenüber 85 % bei **eu**.

Schließlich zeigt das letzte Beispielpaar, dass trotz gleicher Lautung einmal gedoppelt wird und einmal nicht: Das **t** von »knallt« gehört nicht mehr zum Stamm, innerhalb dessen die Dopplung nach betontem Kurzvokal markiert wird, wenn kein weiterer Konsonant folgt. Dies ist aber bei »alt« der Fall, darum wird hier das »l« nicht gedoppelt. Daher irritieren uns auch Eigennamen wie »Hanns«, »Krafft« usw., die diese Regel verletzen.

4 Die Wortarten

Nach knappen begrifflichen Klärungen und einer ebensolchen Darlegung der Sortierkriterien werden in diesem Kapitel die gängigen Wortarten vorgestellt. Ein Wortarten-Steckbrief fasst jeweils am Ende das Wichtigste zusammen.

4.1 Wörter, Wortformen, Wortarten

Zum Kernbereich einer Grammatik gehört nach Auffassung vieler die Einteilung der Wörter einer Sprache nach *Wortarten.* Auch in dieser Auffrischungsgrammatik ist das so. Neben strittigen Definitionen von Grundeinheiten wie Wort oder Satz ist besonders die Wortarten-Klassifizierung Gegenstand von Kontroversen. Wir verstehen unter einem Wort eine sprachliche Einheit, die Bedeutung trägt und selbstständig im Satz vorkommt. Meist ist diese Einheit durch eine andere ersetzbar.

Unter anderem durch solche Ersetzungen gewinnt man Wortarten: In »Die Studentin lernt/schläft/döst/kommt« gruppieren die Substitutionen beispielsweise Verben.

*Bruno Enkelin haben heute Geburtstag.
Er schenken sie wertvoll Stift.

Hier wurden alle Wörter nur in jenen Zitierformen verwendet, wie sie im Wörterbuch aufgeführt sind. Damit soll der Unterschied von abstraktem Wort, das die Wissenschaft als *Lexem* bezeichnet, und konkret im Satz gebrauchter Wortform verdeutlicht werden.

Wortformen tragen also die jeweils erforderlichen Flexionsmerkmale, die ihre Rolle im Satz anzeigen. Um dies zu illustrieren, wurden als Kontrast in beiden Sätzen nur Infinitive verwendet (»haben«, »schenken« statt »hat«, »schenkt«), bei Bruno fehlt das Genitiv-s, im zweiten Satz steht die Zitierform Nominativ (»sie«) statt des erforderlichen Dativs (»ihr«), der Akkusativ Plural »wertvolle Stifte« ist nicht realisiert. Korrekt lauten die beiden Sätze:

> Brunos Enkelin hat heute Geburtstag. Er schenkt ihr wertvolle Stifte.

Wir gehen in Übereinstimmung mit vielen Grammatiken von einer zunächst formalen Sortierung der Wörter aus. So lassen sich Adjektive beispielsweise als diejenigen Wörter bestimmen, die sich in der Regel nach Kasus (dem Fall), Numerus (Einzahl oder Mehrzahl) und Genus (Geschlecht) verändern und normalerweise komparierbar, d. h. steigerbar, sind. Erst wenn dieses formale Kriterium bei der Einteilung nicht weiterhilft, kommen syntaktische Gliederungsaspekte hinzu. Folgende Fragen lassen sich stellen: Fordert ein Wort von anderen Wörtern einen bestimmten Kasus oder nicht? Verbindet das Wort verschiedene sprachliche Einheiten oder nicht? Kann man es im Aussagesatz vor die Personalform des Verbs platzieren oder nicht? Erst wenn diese Fragen geklärt sind, werden inhaltliche Aspekte und kommunikative Leistungen der Wörter zur Feinsortierung bemüht. So lassen sich etwa bei den Adjektiven unter anderem solche mit Formbedeutung (»rechteckig«) von anderen mit Bezugsbedeutung (»englisch«, »deutsch«) abgrenzen. Bedeutungsgruppen von Wortarten zeigen wiederum oft formale und syntaktische Auffälligkeiten. Entsprechend ist »rechteckig« nicht komparierbar, »englisch« nicht prädikativ verwendbar (»*X ist englisch«).

Das hier Gesagte gilt insbesondere auch auf der Satzglied- und der Satz-Ebene. Werden formale, syntaktische und semantische Gesichtspunkte nicht sauber voneinander getrennt, so entsteht das bekannte Durcheinander in einem Grammatikwissen von jener Art, wie es häufig in der Schule vermittelt wird, wenn begrifflich z. B. Relativsätze auf die gleiche Stufe wie Nebensätze im Allgemeinen gestellt werden (s. Kap. 7.2, S. 127).

4.2 Das Verb

Bin in der Mittagspause, komme gleich wieder.

In solchen Notizen fehlt aus schriftsprachlicher Sicht offenkundig etwas. »Ich« wurde weggelassen (»Ich bin in der Mittagspause ...«), und dennoch wird der Notizzettel an der Ladentür verstanden. Die Leistung, auf »ich« zu verweisen, wird hier problemlos von den Verben übernommen. »Bin« als besondere Form von »sein« passt nur zu »ich«, bei »komme« ist es das unscheinbare **e** als Flexionsendung, das auf »ich« verweist. Damit wird verständlich, warum Grammatiker bei »komme« oder »bin« von der *Personalform* sprechen. Im Normalfall findet sich natürlich ein Subjekt im Satz. Dies ist wegen der Uneindeutigkeit vieler Verbformen – im Gegensatz etwa zum Lateinischen – notwendig. »Komme« beispielsweise ist nämlich auch eine Form des Konjunktivs I in »sie komme angeblich«.

*In der Straßenbahn ein Mann am Fenster und.
*An der letzten Haltestelle er von anderen Passagieren.

Werden Verben aus Sätzen komplett entfernt, bricht ein Großteil der Aussage zusammen: Man weiß dann nicht, was getan wird oder was geschieht. Zum Vergleich:

In der Straßenbahn saß ein Mann am Fenster und schlief.
An der letzten Haltestelle musste er von anderen Passagieren geweckt werden.

In der Schule war es daher lange Zeit üblich, das Tun zur Grundlage der Wortartbenennung zu machen: Das Verb hieß griffig »Tuwort«, »Tunwort« oder »Tätigkeitswort«. Andererseits wurden mit dieser semantischen Charakterisierung die häufigsten deutschen Verben »haben« und »sein« aus dem Verbenkatalog herausdefiniert. Davon abgesehen sind »sitzen« und »schlafen« in der obigen Satzfolge gar keine Handlungs-, sondern Zustandsverben. Das bedeutet, dass prototypisches Tun nicht nur bei den Hilfsverben, sondern tatsächlich auch bei einem Teil der Vollverben (s. S. 45) nicht vorliegt.

In der ebenfalls populären Bezeichnung »Zeitwort« spiegelt sich zwar die Leistung der Verben, grammatisch

Zeit zu markieren, wider. Wörter wie »Abend« oder »vorgestern« sind inhaltlich gesehen jedoch ebenfalls ›Zeit-Wörter‹. Insofern sollte man auch von dieser semantisch geprägten Bezeichnung für Verben Abstand nehmen und nur die Konjugierbarkeit zur Identifikation heranziehen, man sollte also fragen: Verändert sich das Wort nach der Person (»ich schlafe« – »du schläfst« ...) und nach der Zeit (»ich schlafe« – »ich schlief«)?

Alle mal herhören! – Aufstehen!

... Am Ende einen Schuss Rum hinzugeben und umrühren. Mit Puderzucker bestäuben und sofort servieren.

Auf die Markierung der Person kann in einigen Fällen verzichtet werden. Die Adressaten der beiden Kommandos werden direkt angesprochen, insofern ist also eine Hinzufügung von »ihr sollt« überflüssig. Andererseits gelten solche Aufforderungen in Form von Infinitiven als unhöflich und ruppig. Demgegenüber hat die Infinitivverwendung in Kochrezepten und Bedienungsanleitungen nichts Unhöfliches, sondern lässt sprachökonomisch offen, wer jeweils die Anweisungen umsetzt. Auch hier ist der verallgemeinerte Adressat als selbstverständlich vorausgesetzt.

*gießte

*schneidete

*laufte

»Goss«, »schnitt«, »lief« sind Präteritumformen (also einfache Vergangenheitsformen), die als »unregelmäßig« oder »stark« bezeichnet werden. Sie sind durch Änderung des Vokals im Stamm zu beschreiben (geschrieben: **ie/o, ei/i, au/ie**). Die aufgeführten Beispiele sind nicht erfunden, sie stammen von muttersprachlichen Grundschulkindern.

Als gegenwartssprachlich fehlerhaft können diese Vergangenheitsformen Verschiedenes belegen: Zum einen produzieren Kinder solche Abweichungen beim Spracherwerb, weil sie die schwache Konjugation vom Typ »machen«/»machte« übergeneralisieren. Zum anderen können diese Fehler süddeutsche Dialektsprecher verraten, die im Alltag bis auf wenige Ausnahmen keine Präteritumformen wie »goss« usw. verwenden. Eine dritte Überlegung lässt sich an dem bekannten Beispiel »backen«/»backte«, früher »buk«, verdeutlichen. Danach gibt es eine Tendenz im Deutschen, die unregelmäßigen Formen durch regelmäßige **te**-Bildungen abzulösen. Der Prozess beginnt bei bestimmten Konjugationsformen und erfasst nach und nach weitere.

*Les mir das mal vor!

*Ess doch nicht so hastig!

Dass die beiden Imperative (Befehlsformen) normgemäß **lies** und **iss** lauten, ist bekannt. Dennoch greifen Formen, die den **e/i**-Wechsel der 2. und 3. Person Singular ignorieren, nicht nur in der Kindersprache um sich. Bei Kindern im Spracherwerbsprozess wären auch »er lest« oder »sie esst« zu hören. Der als »Vokalsenkung« bekannte Vorgang (die Zunge liegt bei *e* weiter unten im Mundraum als bei *i*) gliedert sich ein in die Tendenz »Weg von den Ausnahmen«, wie sie zuvor angesprochen wurde.

> Ohne es zu bemerken gerieten wir bei der Kanufahrt an eine abschüssige Stelle. Wir ruderten dagegen – ohne Erfolg. Da <u>kippt</u> das Boot zur Seite … | Zeitfehler!

Passagen identischer Tempusverwendung tragen mit dazu bei, dass eine Satzfolge zum Text wird. Tempus ist insofern auch ein Kohäsionsmittel, d. h. ein Mittel, das Zusammenhang stiftet. Aus dieser Erkenntnis machen manche Lehrkräfte eine Einhundert-Prozent-Regel. In dem oben angeführten kleinen Geschichtenausschnitt wird dann ein Schul-Deutsch erzwungen, das die Funktion gezielten Tempuswechsels übersieht. Sicherlich ist das ›Zeiten-Hopsen‹ von Schreibanfängern für Leser lästig. Im obigen Falle jedoch bewirkt der Wechsel ins szenische oder historische Präsens am Höhepunkt der Geschichte eine gezielte Verlebendigung. Es reiht sich ein in andere sprachliche Mittel wie wörtliche Rede und Markierungen der Plötzlichkeit (»da«, »auf einmal« …), die von Geschichten-Könnern genutzt werden.

> … Nachfolgend werden zunächst zentrale Begriffe der Untersuchung definiert, dann wird das Vorgehen im Einzelnen erläutert. Schließlich kommen die im Eingangskapitel umrissenen Kriterien zur Anwendung …

Diese vor allem am Ende nicht sehr elegante Passage aus einer fiktiven wissenschaftlichen Arbeit soll zwei Auffälligkeiten der Verbverwendung illustrieren: Die Konstruktion aus »werden« mit Partizip II (»3. Form«: »definiert«, »erläutert«, meist eine **ge**-Form), das Passiv, steht zwar in der Kritik, wenn sie zu häufig verwendet wird. In diesem Fall kann sie jedoch positiv gesehen werden, da sie den Satzbau nach mehreren vorangehenden Aktiv-Sätzen des Typs »Ich referiere im ersten Kapitel ... Dabei führe ich vor, wie ...« variiert. Eine dem Passiv ähnliche Wirkung hat das ›auseinandergefaltete‹ Verb »zur Anwendung kommen« (statt »ich wende an« / »es wird angewandt«). Solche Streckformen heißen mit dem Fachbegriff *Funktionsverbgefüge*. Sie bestehen aus einem verblassten Verb, einer Präposition und einem Substantiv, das von einem Verb abgeleitet wurde. Dieses sogenannte *Verbalabstraktum* enthält die Hauptinformation. Als Ganze wirkt die Wortgruppe steif und umständlich, sie klingt wie Beamtendeutsch. Als Mittel der Variation ist eine punktuelle Verwendung aber wohl eine lässliche Sünde.

Wortarten-Steckbrief Verb

Zur Form

Verben sind als einzige Wortart konjugierbar, d. h. sie verändern sich nach Person, Numerus, Tempus, Modus (Indikativ, Konjunktiv I und II) und Genus Verbi (Aktiv oder Passiv). Die Veränderung von *Person* und *Numerus* bedeutet, dass sie sich mittels Endungen auf die 1., 2. oder 3. Person in Singular (**ich, du, er/sie/es**) und Plural (**wir, ihr, sie**) einstellen können: »du schreib-st«.

Hinsichtlich *Tempus* (grammatischer »Zeit«) verändern

können sich Verben nach traditioneller Auffassung in mehrfacher Weise: Der Normalfall ist das *Präsens*. Das Präsens wird gewählt, wenn keine besondere zeitliche Einordnung gegeben werden soll. »Im Winter ist es kalt« ist eine für bestimmte Breiten allgemeingültige Aussage und nicht etwa eine gegenwartsbezogene. Fälle wie »Ich singe beim morgigen Spiel des FC die Vereinshymne mit« zeigen, dass das Präsens auch zukünftige Bedeutung haben kann, also klar zwischen der Zeitform Präsens und deren Bedeutungen unterschieden werden muss. »Der Satz steht in der Gegenwart« ist damit eine unangemessene Feststellung, und der ursprünglich lateinische Ausdruck »Präsens« hat seine Berechtigung.

Um zu signalisieren, dass etwas vergangen oder nur vorgestellt ist, verwendet man das *Präteritum*. Es ist das für Erzählungen typische Tempus: »Letztes Jahr waren wir in der Provence« / »Es war einmal ...« Um von der erzählten Zeitebene aus nochmals zurückzuverweisen, gibt es im Deutschen das *Plusquamperfekt*: »Die Straße war gefährlich glatt, weil es in der Nacht zuvor geschneit hatte«. Wegen dieser zeitlichen Tiefen-Modellierung wird das Plusquamperfekt auch als »Relieftempus« bezeichnet.

Umgangssprachlich, verbreitet vor allem im Süddeutschen, wird oft das *Perfekt* genutzt: »Ich bin in Köln gewesen« / »Ich habe den Brief noch nicht beantwortet«. Im Gegensatz zum Englischen etwa wird das Perfekt bei manchen Verben mit dem Hilfsverb **sein** gebildet, beispielsweise bei Verben ohne Akkusativforderung, die einen Ortswechsel beinhalten: »bin weggezogen«.[5] Entsprechendes gilt auch für das Plusquamperfekt. Das Perfekt wird im Süddeutschen teilweise als Ersatz für das Präteritum gebraucht. Es hat aber auch die Bedeutungskompo-

5 Genaueres hierzu etwa bei Helbig/Buscha (1994) S. 75 f.

nente ›Geschehen ist noch wichtig‹ bzw. ›Geschehen dauert an‹. In Grammatiken ist darum von einem »Betroffenheitsfaktor« die Rede. Süddeutsche sind durch einige norddeutsche Abweichungen beim Hilfsverb irritiert: z. B. in »ich bin angefangen«.

Das *Futur I* aus **werden** und Infinitiv (»wir werden ihn sehen«) hat über den Zukunftsverweis hinaus die Bedeutungen ›Vermutung, dass ein Geschehen eintritt‹ und ›ich will das‹. Insofern sind Aussagen wie »Wir werden ihn morgen sehen« und »Wir sehen ihn morgen« nicht völlig identisch (im ersten Fall könnte man umschreiben: »Wir vermuten, dass wir ihn morgen sehen, und wir wollen dies auch tatsächlich«). Bei schulischen Tempusbestimmungen wird nicht immer auf das Vorhandensein des Infinitivs geachtet. In »Morgen wird es schön« liegt Präsens mit Zukunftsbedeutung vor, jedoch kein Futur I.

Das *Futur II* wird selten gebraucht: In »Morgen um diese Zeit wird der FC das Spiel gewonnen haben« wird das zukünftige Geschehen als beendet betrachtet.

Bei der Bildung von Tempusformen sind formbezogen zwei Arten zu unterscheiden: Der *schwachen* oder *regelmäßigen* Bildung des Typs **setzen, setzte, gesetzt** mit **te-** bzw. **t**-Signal stehen die *starken* oder *unregelmäßigen* ›Stammveränderer‹ gegenüber: **riechen, roch, gerochen**. Neben der Stammvokaländerung ist für sie die Endung **-en** des Partizips II (hier: »gerochen«) charakteristisch. Die Bezeichnung *Mischkonjugation* für Wörter wie **rennen, rannte, gerannt** spiegelt die Beobachtung wider, dass Präteritum und Partizip II sowohl die Stammvokaländerung als auch das **t**-Signal aufweisen. Eine Zuordnung der Mischkonjugation als Unterbegriff zu den »Unregelmäßigen« reduziert die Kategorien wieder auf zwei, nämlich auf *regelmäßig* und *unregelmäßig*.

In wenigen Fällen gibt es zwei Konjugationsarten zu einem Verb, die Bedeutungen unterscheiden: »erschrecken« – »ich erschrak selbst« (unregelmäßig), »ich erschreckte meine Schwester« (regelmäßig).

Zeitliche Verweise haften nicht nur dem Verb an, sondern können durch verschiedene weitere sprachliche Mittel umgesetzt werden: Adverbien wie »heute«, »gestern«, »jetzt«, Adjektive wie »heutig«, »gestrig«, »jetzig«, Präpositionalgruppen wie »in einer Woche« u. a. m.

Die Verbformen werden überdies nach dem *Modus* differenziert. Die blasse deutsche Übersetzung »Aussageweise« lässt sich vielleicht durch ›Geltungsgrad der Aussage‹ besser umschreiben. Die Unterstellung, dass eine Aussage zutrifft, dass von ihr auszugehen ist, führt dazu, den Normalfall bzw. den *Indikativ* zu verwenden. Die deutsche Bezeichnung lautet denn auch »Wirklichkeitsform«. Dieser Normalfall der Aussageweise wird deutlich im Kontrast zum möglichen Zutreffen einer Aussage oder zu ihrer Irrealität. Prototypisch: **sie schreibt** (Indikativ), **sie schreibe** (Konjunktiv I), **sie schriebe / sie würde schreiben** (Konjunktiv II oder Umschreibung mit »würde«). Der *Konjunktiv I* findet sich besonders in der Redewiedergabe z. B. in Tageszeitungen und zeigt die Distanz des Berichtenden gegenüber dem Wiedergegebenen. Am e-Suffix bei Präsens-, Perfekt- und Futur-I-Formen ist dieser Modus ablesbar: **er macht / er mache, er hat gemacht / er habe gemacht, er wird machen / er werde machen**. Einige Endungen enthalten bereits im Indikativ dieses **-e** (»ich mache« / »ich mache«), so dass zur Signalisierung der Redewiedergabe auf den Konjunktiv II zurückgegriffen werden muss: »(er behauptete,) ich machte alles kaputt«.

Der *Konjunktiv II* wird als Distanz-Signal des Sprechers gegenüber dem nicht oder noch nicht Realen verwendet, für Wünsche (»Wäre doch schon Wochenende!«), höfliche Bitten (»Hätten Sie die Güte …?« – »Würden Sie mir bitte …?«) und für als unwirklich Erachtetes (»Es sah aus, als kämen Marsmenschen die Straße entlang.« – »Wenn ich ein Vöglein wär'« …). Berichtet z. B. jemand: »Er sagte mir, er wäre krank gewesen«, so bezweifelt hier der Sprecher, dass derjenige tatsächlich krank war – anders als bei »er sagte mir, er sei krank gewesen«. »Käme« und »wäre« zeigen, dass der Konjunktiv II üblicherweise vom Präteritum (»kam«, »war«) durch Umlautung (hier: **a/ä**) und **e**-Suffix gebildet wird.

Das Zusammenspiel von Zeitformen ist im Deutschen weniger streng geregelt, während es im Lateinischen dazu deutliche Vorgaben gibt. Lediglich in deutschen Konjunktivsätzen ist eine bestimmte Abfolge einzuhalten. So muss beispielsweise bei Vorzeitigkeit im folgenden *Falls*-Nebensatz die Konjunktiv-II-Form auf der Grundlage des Plusquamperfekts gebildet werden (»gehabt hatte« /»gehabt hätte«), während im Hauptsatz das Präteritum (»war«/»wäre«) zugrunde liegt:

> Falls sie Interesse gehabt hätte, wäre sie zur Veranstaltung gekommen.

Einige Grammatiker bestreiten, dass der *Imperativ*, die »Befehlsform«, zu den Modi gehöre. Unter anderem wird zu dessen Sonderstatus auch die nicht ausgebaute Formenpalette herangezogen. So gibt es den Imperativ, von Randfällen abgesehen, nur in der zweiten Person Singular und Plural: »**schreib(e)/schreibt** das auf«.

Zur Markierung des Geltungsgrades dienen u. a. auch Adverbien wie »vielleicht«, »wohl«, »vermutlich« oder die Verb-Untergruppe der Modalverben (s. S. 44).

Dass es Sätze im Aktiv und im Passiv gibt, ist bekannt. Weniger geläufig ist der Oberbegriff für die Markierung der Handlungsrichtung: *Genus Verbi.* Der Normalfall ist das *Aktiv.* Es stellt das Geschehen vom Geschehensträger aus gesehen dar. Entsprechend wird das Passiv als täterabgewandt oder agensabgewandt gekennzeichnet. Die Bildung erfolgt durch eine Tempusform von **werden** und das Partizip II, im Präteritum beispielsweise: **wurde entlassen.** Nicht immer lauert böser Wille dahinter, den ›Täter‹ nicht zu benennen. Motive für Passivverwendung sind unter anderem:

- Der Handelnde ist für Leser/Hörer uninteressant.
- Der Handelnde ist durch Vorwissen bekannt.
- Der Handelnde ist unbekannt.
- Der Handelnde ist im vorangegangenen Text schon erwähnt worden.
- Der Schreiber will variantenreich formulieren und die Aktiv-Monotonie reduzieren.

»Ab Juli werden 120 Beschäftigte freigesetzt.« Das Motiv für diese Passivverwendung (im futurischen Präsens) muss aus dem Zusammenhang heraus erschlossen werden. Sollen die Handelnden genannt werden, lassen sie sich meist als **von**-Gruppe (»von der Unternehmensleitung«) aufführen. Dieses weglassbare Präpositionalgefüge kann auch zur Hervorhebung des Agens genutzt werden: »Das Formel-1-Rennen wurde von Schumacher gewonnen«.

Um den Geschehensträger herauszuhalten, gibt es nicht nur das Genus Verbi, sondern auch Konstruktionen wie »das ist zu machen« / »das ist machbar« und andere. Eine Spielart, die durch **werden**-Umformung als solche erkannt werden kann, liegt mit dem *Zustandspassiv* vor: »Das Zimmer ist frisch gestrichen« – »Das Zimmer wird frisch gestrichen«. Letzteres wird dann als *Vorgangspassiv* bezeichnet.

Zur Verwendung im Satz

Das Verb als Hauptbestandteil des Prädikats stellt nach gängiger Auffassung nicht ein Satzglied wie alle anderen dar. Im Gegenteil, seine Anforderungen an die Anzahl sowie die inhaltliche und grammatische Art weiterer Elemente im Satz geben diesem Satz erst die Grundstruktur. Diese Tatsache wird als *Valenz* des Verbs, d. h. als seine Bindungskraft, bezeichnet. Keine neuere Grammatik kommt an dieser Sichtweise vorbei.

Verben füllen das Prädikat oft nicht alleine aus, daher wurde oben die Formulierung »Hauptbestandteil« gewählt. Manchmal finden sich Fügungen wie »läuft zurück«, »liegt zugrunde«, »kommt zur Durchführung«, »beruft sich (auf)«, »hat zu bezahlen«. Daher ist auch die formbezogene Bezeichnung *verbale Teile* für das Prädikat üblich.

Die Verben werden hinsichtlich ihres Zusammenspiels mit anderen Wörtern im Satz in Untergruppen eingeteilt, unter anderem in:

- *Hilfsverben:* **sein**, **haben** und **werden** sind notwendig, um die zusammengesetzten Tempusformen und das Passiv zu bilden;
- *reflexive Verben*, wenn sie mit Reflexivpronomen auftreten: »**sich** wundern« (echt reflexiv), »**sich** waschen« (unecht reflexiv, da »jemanden waschen« möglich ist); das Reflexivpronomen gilt dabei nicht als Objekt, sondern als Erweiterung des Verbs;
- *Modalverben / modalisierende Verben*, wenn sie den Geltungsgrad von Aussagen und Sprechereinstellungen signalisieren: **sollen**, **können**, **dürfen** … (mit ›reinem‹ Infinitiv), **pflegen**, **scheinen** und andere mit **zu**-Infinitiv: »das scheint zu stimmen«;

- *transitive Verben*, wenn sie ein Akkusativ-Objekt fordern. Mit **be-** wird beispielsweise das intransitive Verb **arbeiten** transitiv: »einen Zeugen **bearbeiten**«;
- *Kopulaverben*, die ein Prädikativ fordern: **sein**, **bleiben**, **werden** (s. Kap. 5.4, S. 108–110). Weitere Verben dieser Gruppe sind z. B. **nennen, gelten, scheinen** ...;
- *semantisch verblasste Verben* in sogenannten Funktionsverbgefügen wie **zur Diskussion stellen.** Hier wird das Verb vor allem als Träger grammatischer Merkmale wie Person oder Tempus gebraucht, und die ursprüngliche Wortbedeutung tritt zurück gegenüber dem Substantiv, das ein Geschehen beschreibt.

Zur Position der Verben im Satz vgl. Kap. 7.1 und 7.5 (S. 121–125 und 139–143).

Zur Bedeutung

Der Inhalt von Verben, d. h. ihre lexikalische Bedeutung, wird unter Hinweis auf die nicht immer leicht zu ziehende Abgrenzung zwischen *Handlung* (»fragen«), *Vorgang* (»brennen«) und *Zustand* (»schlafen«) differenziert. Vorgangsverben wie »fallen« unterscheiden sich von den Zustandsverben wie »liegen« dadurch, dass sie die Änderung eines Geschehens beschreiben. Weitere Differenzierungen ergeben sich z. B. dadurch, dass ein Geschehen *zeitlich begrenzt* (»niesen«) oder *nicht begrenzt* ist (»frieren«), einen *Anfang* (»erblühen«), eine *Wiederholung* (»plätschern«) oder ein *Ende* (»abbrennen«) markiert. Die verschiedenen Bedeutungen grammatischer Markierungen wurden unter Form- und Satzbauperspektive oben bereits angedeutet (vgl. S. 38–43). Exemplarisch sei nochmals hingewiesen auf die **sein**-Bildungen beim Perfekt (bzw. **war** beim Plusquamperfekt), die unter anderem auch vom Verbinhalt abhängen, hier z. B. Ortswechsel bzw. Zustandsänderung (»ich bin/war aufgestanden«).

4.3 Das Substantiv

Was sind *Substantive*?

Drei Viertel von 105 befragten Deutsch-Studentinnen und -Studenten des ersten Semesters gaben bei einer Umfrage eine Antwort, die den erfragten Ausdruck durch einen geläufigeren Ausdruck ersetzt: »Hauptwörter«, »Nomen«, »Namenwörter«. Zusätzlich wurden Stichwörter wie »Gegenstände«, »Lebewesen« oder »Dinge« als semantische Annäherungen notiert. Wenige nannten Großschreibung und Artikelfähigkeit. Formänderungsmöglichkeiten der Wortart wurden nicht herangezogen. Ein Student führte das feststehende Genus an. Nur wenige verwechseln Wortart- und Satzgliedebene, Subjekt und Substantiv. Ein Student wollte die Wortart durch Wer/Was- und Wen/Was-Fragen herausbekommen.[6]

Die zukünftigen Deutschlehrer charakterisieren also die in Frage stehende Wortart nur unzureichend. Neben ihrer Semantik, auf Gegenständliches (»Fuß«) oder Nicht-Gegenständliches (»Idee«) zu verweisen, sind Substantive insbesondere durch ihre Deklinierbarkeit zu bestimmen. Sie können nach Kasus (»der Wagen, des Wagens«) und Numerus (»die Frau, die Frauen«) verändert werden. Dabei bleibt das grammatische Geschlecht, das Genus, fest. Richtig an den studentischen Äußerungen zur Satzgliedfunktion ist, dass Substantive als Kerne von Subjekten und anderen Satzgliedern fungieren können. Die Gleichsetzung mit Subjekten ist natürlich unzutreffend und dokumentiert die sogenannte Ähnlichkeitshemmung verwechslungsgefährdeter Lerninhalte (d. h. die Verwechslung von Begriffen, die ähnlich klingen, hier also *Sub-*…), wie sie auch bei Prädikat/Prädikativ/Präposition zutage treten kann.

6 Vgl. Risel (1999) S. 56.

Terminologisch hat sich in Lehrplänen in letzter Zeit statt »Substantiv« *Nomen* als Parallelbezeichnung durchgesetzt, während »Hauptwort« inhaltlich abzulehnen ist, denn Substantive sind nur insofern ›Haupt‹-Wörter, als sie sprachstatistisch mit etwa 60 Prozent in Bezug auf die Häufigkeit des Vorkommens die Nummer eins aller Wortarten sind.

Reich mir mal das Teller und den Butter da!

Einige Zeilen zuvor wurde behauptet, das Genus der Substantive sei unveränderlich. Das trifft weitgehend zu, es existieren jedoch zwei Ausnahmegruppen. Einmal kommt im Hochdeutschen bei wenigen Wörtern Genuswechsel, etwa bei **der/das Knäuel** oder »der/das Fenstersims«, vor (auch »das/die Nutella«), z. T. mit bedeutungsunterscheidender Funktion: **der/die See**. Zum anderen weichen die Genera im Dialekt teilweise von den standardsprachlichen ab, wie der obige Beispielsatz aus dem Schwäbischen belegt.

Das natürliche Geschlecht stimmt bei vielen Bezeichnungen für Lebewesen mit dem grammatischen Geschlecht überein, jedoch in Abhängigkeit von bestimmten Suffixen nicht immer:

- **der Onkel** (männlich/Maskulinum)
- **die Tante** (weiblich/Femininum), aber
- **das Mädchen, das Männlein – der Staubsauger** (weiblich, männlich / Neutrum – sächlich/Maskulinum).

Für Nicht-Muttersprachler ist die deutsche Genuszuordnung in Teilbereichen sehr schwierig, denn z. B. bei der bekannten Gruppe der Esswerkzeuge »Löffel«, »Gabel«

und »Messer« ist das jeweilige Genus nicht nachvollziehbar. Andererseits gibt es im Wortaufbau deutliche Genushinweise: »Endet ein Substantiv auf [(k) {f/ç/x} t], so ist es ein Femininum.«[7] Dabei steht (k) für einen möglichen Konsonanten. Abgesehen von »Knecht« oder »Wicht« trifft diese Regel auf »Luft«, »Kraft«, »Schicht« usw. zu.[8]

Genusgeprägte Artikelwörter sind wichtige Hilfen für das schnelle Erfassen komplexer Texte.

Beispiel: »Sie trafen plötzlich auf das lange Zeit noch unbekannte und von ausufernder Industrie verschont gebliebene Reservat«. Der bestimmte Artikel im Neutrum fungiert als Suchanweisung, auf ein Substantiv im Neutrum zu warten und nicht vorschnell einen Bezug zu dem Femininum »Zeit« herzustellen.

die Studierenden
die Studenten
die Studentinnen
die Studentinnen und Studenten
die Student/innen
die Student(inn)en
die StudentInnen

Es ist gesellschaftlich gesehen umstritten, das natürliche Geschlecht durchgehend zu signalisieren. Bei sehr vielen Substantiven, »Kaufmann« und andere ausgenommen, wird durch **-in** bzw. **-innen** das Merkmal »weiblich« realisiert. Das führt bei Komposita zu unökonomischen Ge-

7 Eisenberg (2004) S. 152, mit Verweis auf Arbeiten Köpckes.
8 Vgl. ebd.

bilden wie »Studentinnenberatung« oder »Leserinnenbriefredaktion«. Reaktionsweisen auf die Notwendigkeit, geschlechtsneutral zu formulieren, bestehen in der traditionellen Verwendung der männlichen Form mit der problematischen Begründung, Frauen seien mitgemeint. Konsens besteht jedoch eher in Bezug auf die Verwendung von Doppelformen wie »Studentinnen und Studenten«. Diese Doppelformen wirken allerdings bei wiederholtem Gebrauch schwerfällig. Oft werden auch Ersatzformen genutzt: »die Studierenden« (vom Partizip I), »Lehrkräfte« für »Lehrerinnen und Lehrer«, »Lernende« oder »Kinder« für »Schülerinnen und Schüler«. Ökonomischer ist die Schrägstrich-Variante, jedoch nicht im Singular: »eines Studenten / einer Studentin«, nicht »*eines Student/in«. Im Wortinneren wird im Deutschen, von der Werbesprache abgesehen, nicht großgeschrieben. Daher ist das große **I** zwar in bestimmten Zusammenhängen üblich, in den großen Medien oder in der Buchproduktion hat es sich jedoch nicht durchgesetzt. Die Klammer-Variante »Student(inn)en« verbietet sich eigentlich, weil Klammern eher Weglassbares enthalten.

Manche Autoren signalisieren als Kompromiss zu Beginn ihrer Ausführungen durch Doppel- und/oder Ersatzformen Geschlechtsneutralität, entscheiden sich dann aber wegen der besseren Lesbarkeit für die »generische«, die Gesamtheit der Benannten meinende maskuline Bezeichnung.

> Tante Rita kommt nächste Woche aus Afrika zurück.

Sollen Schüler oder Studierende den Kasus von »nächste Woche« bestimmen, geraten sie oft in Schwierigkeiten. Sie sind von der Schule her gewohnt, mit ›wer/was?‹, ›wessen?‹, ›wem?‹ und ›wen/was?‹ entsprechende Fragen zu stellen und den Antworten die Kategorie »Nominativ«, »Genitiv«, »Dativ« und »Akkusativ« zuzuordnen. Das funktioniert im vorliegenden Fall und in ähnlichen Fällen jedoch nicht. Dennoch muss natürlich ein bestimmter Kasus-Wert gegeben sein. Hier hilft die Ersatzprobe mit einem Maskulinum wie z. B. »der Monat«. An den Artikelwörtern der Maskulina im Singular sind die Kasus klar ablesbar. In unserem Beispiel führt die Ersatzprobe zu »dies<u>en</u>« oder »nächst<u>en</u> Monat«, also zum Akkusativnachweis.

> Sie waren im *urlaub.
> ... die *versorgung

Die Tatsache, dass ein Wort ein Substantiv ist, wird vor allem aus rechtschreiblichen Gründen gelernt. Verstöße gegen die wortbezogene Großschreibung machen durchschnittlich ein Viertel oder mehr aller Fehler aus. Substantive für Gegenstände (Konkreta) sind dabei weniger anfällig als diejenigen für Abstrakta, wie der obige Fehler bei »Urlaub« aufweist. Auch werden zwei wichtige Signale nicht immer zur Kenntnis genommen. Bei »Versorgung« im obigen Fehlerbeispiel steht der Artikel direkt vor dem Substantiv, mit dem Suffix **-ung** wird ein weiterer Wortart-Hinweis gegeben. Weil die Fehlerart auch über die Jahrgangsstufen stabil bleibt, sind Substantive und Substantivierungen wichtige Lerninhalte in allen Deutschlehrwerken.

Die Einengung der Substantivvermittlung auf rechtschreibliche Gesichtspunkte ist zwar verständlich, ihre wichtige kommunikative Leistung, Gegenstände im weiteren Sinne zu benennen, bleibt aber meist unberücksichtigt. Gäbe es keine Substantive, müssten wir ständig mit »das da« und Zeigegesten operieren. Andererseits können zu viele Substantive bzw. Substantivierungen in einem Text stilistisch schwerfällig wirken. Man bezeichnet dies als »Nominalstil« (s. auch Kap. 4.8, S. 80), den es durch den Gebrauch von Verben zu ersetzen gilt: »Das Bereitstellen von geeignetem Gerät ermöglichte die schnelle Behebung der Mängel« sollte besser heißen: »Die Mängel konnten schnell behoben werden, weil geeignetes Gerät bereitgestellt wurde«.

Wortarten-Steckbrief Substantiv

Zur Form

Substantive sind flektierbar, können also gebeugt werden. Die Möglichkeit, sie nach *Kasus* und *Numerus* zu verändern, wird auch als *Deklinierbarkeit* bezeichnet. Nicht immer zeigen die angehängten Flexionssuffixe oder die Artikelwörter den Kasus eindeutig an (**die Bilder** – Nominativ, **der Bilder** – Genitiv, **die Bilder** – Akkusativ), andererseits gibt es mit dem Genitiv-**s** im Singular oder mit dem Dativ-**n** im Plural zuverlässigere Signale (**des Hauses, den Häusern**). Die Maskulina im Singular (**der, des, dem, den**) sind eindeutig am Artikelwort bestimmbar. Nicht deklinierbar sind Substantive (im Gegensatz etwa zu den Adjektiven) nach dem Genus. Sehr wenige Substantive existieren nur im Singular (**das Gold, der Zucker**, aber nicht *__die Golde__) oder nur im Plural (**die Leute, die Masern**, aber nicht *__der Leut__).

Im Gegensatz zur weitgehend überschaubaren Pluralbildung des Englischen (*girl – girls*) gibt es im Deutschen mehrere Bildungsweisen.[9] Beispiele für die grundlegenden Varianten sind **Schuhe**, **Frauen**, **Bilder**, **Videos** und **Meister**. Diese fünf Pluralarten sind teilweise abhängig vom Genus oder vom Auslaut (bei Vollvokal: **s**). Nimmt man die Umlautvarianten (**Haus – Häuser**) hinzu, gibt es im Deutschen acht Plurale:

- **Schuhe, Bäume**
- **Frauen**
- **Bilder, Häuser**
- **Videos**
- **Meister, Mütter**

Fasst man Kasus- und Numerus-Endungen der Substantive in Gruppen zusammen, erhält man im Deutschen eine zweistellige Zahl von Deklinationsklassen. In der Sprachwissenschaft werden elf oder zwölf solcher Klassen angenommen. Eine entsprechende Zuordnung hängt von Merkmalen wie Genus, Betonung, Belebtheit oder dem auslautenden **-e** ab.[10]

Die Hauptklassen werden danach unterschieden, ob sie im Singular ein **-(e)s** haben oder nicht und ob sie im Plural auf **-(e)n** enden oder nicht. Bei Genitiv-**s** (wie im Genitiv **des Kopfes**) spricht man von *starker Deklination*, bei Plural-**(e)n** (**die Frauen**) von *schwacher Deklination*. Zusätzlich gibt es noch gemischte Bildungen wie bei **der Staat**, nämlich **des Staates, die Staaten**, die beide Merkmale kombinieren. Maskulina und Neutra bilden überwiegend starke Formen (**des Mannes, des Jahres**), Feminina schwache (**die Gabeln**). Außerdem gibt es Besonderheiten und Ausnahmen (Maskulinum **der Mensch – die Men-**

9 Vgl. hierzu Helbig/Buscha (1994) S. 239ff.
10 Vgl. Köpcke (2005).

schen; das Herz – des Herzens, Genitiv mit **-ens**), die für Nicht-Muttersprachler ein zusätzliches Lernproblem darstellen.

Fehlbildungen wie ***eines Bärs** (statt **eines Bären**) sind jedoch auch bei Muttersprachlern häufig zu beobachten. Daneben zeigen Abweichungen wie ***dem Autoren** (für **dem Autor**) oder »*wir feierten **den Held**« (für **den Helden**), dass ein Sprachwandel stattfindet, der bestimmte Substantive anderen als den bisher üblichen Deklinationsklassen zuweist.

Zur Verwendung im Satz

Die große Variabilität im Gebrauch der Substantive erschwert ihre Identifizierung im Unterricht. Substantive können nämlich Kerne von Substantivgruppen sein, die als Subjekte, Objekte, Prädikative oder als Adverbiale und unselbstständig als Attribute fungieren (siehe in den jeweiligen Kapiteln).

Substantive sind *artikelfähig* und *attribuierbar*: **eine Information, solche/manche/keine Informationen, neue Informationen, Informationen aus fernen Ländern**. Die Artikelverwendung ist auf das Vorfeld vor dem Substantiv beschränkt, die Beifügung von Attributen, wie das letzte Beispiel belegt, nicht.

Substantive bestimmen die Artikelwörter im Genus (***das Löffel**) und können prinzipiell Genitive bei sich haben (»das Auto **des Nachbarn**«) oder andere ›Mitspieler‹ fordern. Bei »die Tatsache« kommt beispielsweise häufig ein **dass**-Satz ins Spiel: »die Tatsache, dass …«

Vertreter anderer Wortarten, vor allem Verben und Adjektive, können wie Substantive gebraucht werden. Man nennt sie dann *Substantivierungen*: **das Schlafen, das Gehörte; das Rot**. Andererseits wird dieser Fachbegriff auch für die Beförderung von Verben usw. in die Wortart Substantive durch Wortbausteine bezeichnet: **wohn(en) → Wohnung.**

Zur Bedeutung

Substantive verweisen auf *Gegenstände*. Das müssen nicht Gegenstände im wörtlichen Sinne sein, sondern es können auch Lebewesen (»der Nachbar«) und gedankliche Gegenstände (»die Tatsache«) sein. Erstere werden als *Konkreta*, Letztere als *Abstrakta* bezeichnet. Nicht immer lassen sich Substantive trennscharf in diese Gruppen einteilen, so kann **»Schönheit«** als Konkretum (eine Person) und als Abstraktum (eine Eigenschaft) verwendet werden.

Fragt man jemanden nach Beispielen für die Wortart, werden in der Regel Konkreta als Erste genannt: »Tisch«, »Buch«, »Haus« …

Bei den Konkreta werden *zählbare* und *nichtzählbare* (Stoffsubstantive) unterschieden – das hat Konsequenzen für die Pluralbildung. Eine Untergruppe stellen weiterhin die *Sammelnamen* dar: »Gebirge« (also mehrere Berge), »Geäst«, »Beamtenschaft«, »Obst«.

Eigennamen bilden eine Sondergruppe, die viele nicht zu den Substantiven rechnen.

4.4 Der Artikel

… Vor dem Laden stand das Auto.

… Vor dem Laden stand ein Auto.

Der kleine Unterschied zwischen beiden Sätzen besteht darin, dass Leserinnen und Leser im ersten Satz eine Suchanweisung für den vorderen Teil des Textes bekommen: Das Auto ist schon einmal erwähnt worden und wird jetzt nochmals ›aufgenommen‹. Im zweiten Satz weist »ein« möglicherweise auf den Folgetext voraus. Es ist zu erwarten, dass über das Auto oder seine Passagiere noch etwas gesagt wird. Es ist auch möglich, dass das Auto nicht weiter wichtig ist und daher unbestimmt bleiben kann. Die kleinen Begleiter des Substantivs sind also für die Textverknüpfung und als Hinweise auf die Bestimmtheit von großer Bedeutung.

Geben Sie misch bitte einen Wurst.

Wer Französisch oder Italienisch lernt, weiß, dass die Artikel als Genusanzeiger zwischen verschiedenen Sprachen nicht immer übereinstimmen (»der Mond« – *la luna*). Umgekehrt hält das Deutsche für Nicht-Muttersprachler mit seinen drei Genera bei den Artikeln einige Sprachfallen bereit.

der Kerl, der der etwas angetan hat …

Die Überschneidung mit den Pronomen im Formenbestand führt manchmal zu Verwechslungen. Das erste »der« ist ein auf das folgende Substantiv bezogener Artikel, das zweite ein Relativpronomen, das sich auf »der Kerl« bezieht, das dritte schließlich ist ein Demonstrativpronomen, steht im Dativ und verweist auf ein weibliches Lebewesen, das aus der Situation oder aber aus den vorhergehenden Sätzen bekannt ist. Die Verwechslungen sind sprachgeschichtlich verständlich, denn die Artikel sind aus den Pronomen hervorgegangen.

»Die Entschuldigung, das Zeugnis: Alle Wörter wo man der die und das dafor setzen kan sind Namenwörter.« (Jennifer, Klasse 4)

*das Neue fahrrad

Schüler und andere Lernende sollen die Artikel üblicherweise weniger in ihrer kommunikativen Leistung oder als Verknüpfungsmittel für Texte kennen lernen, sondern ganz überwiegend wegen der sogenannten Artikelprobe. Die **der-die-das**-Probe soll bei der Großschreibung helfen. Dagegen werden Wortbausteine wie **-ung** oder **-nis** kaum zu Hilfe genommen. Aus dem Blick geraten außerdem drei Aspekte: Es gibt nicht nur den bestimmten Artikel, sondern auch den unbestimmten und weitere Artikelwörter, die als Signale von Bedeutung sind. Zudem werden oft flektierte Formen wie **des** oder **dem** übersehen. Das letzte Beispiel – »*das Neue fahrrad« – ist schließlich Ausdruck einer naiven Übergeneralisierung. Die Fehlhypothese könnte lauten: »Schreibe das auf den Begleiter folgende Wort groß«. Pfeildarstellungen, die solche ›Fernwirkung‹ visualisieren, sind ein gängiges Mittel, um solche naiven Vorstellungen abzulösen.

Wortarten-Steckbrief Artikel

Zur Form

Neben dem Null-Artikel (z. B. in Zeitungsüberschriften: »Großer Andrang bei Neueröffnung«) werden als Untergruppen *bestimmte* und *unbestimmte* Artikel unterschieden. Beim bestimmten Artikel separieren manche Grammatiken das identische **d-** gegenüber **-ie**, **-er**, **-as** und sehen Letztere vor allem als Genus-Markierung. Andere Grammatiken betrachten **der**, **die**, **das** ganzheitlich, zergliedern also nicht.

Neben diesen Hauptgruppen werden *Demonstrativ-*, *Indefinit-* und *Possessivpronomen*, wenn sie als Begleiter auftreten, als Artikelwörter bezeichnet: »**diese** Idee«, »**keine/irgendeine** Idee«, »**meine** Idee« (s. Kap. 4.5, S. 64 f.).

Zur Verwendung im Satz

Die Begleiter werden in Grammatiken oder Schulbüchern teilweise mit den Substantiven zusammen dargestellt. Dies verweist auf das enge Verhältnis zwischen beiden Wortarten. Neuere Grammatiktheorien stellen dieses Verhältnis auf den Kopf, wenn sie Substantive und andere Wortarten dem Artikel unterordnen. Sie sprechen von Satzgliedern mit Artikel als Determinierer-Phrasen, innerhalb deren der Artikel als ›Festleger‹ und ›Eingrenzer‹ sich ein Substantiv ›nimmt‹, genauer: nehmen muss, denn er kann nicht selbstständig im Satz vorkommen.

Unbestritten ist die Funktion der Genus-Signalisierung, wie das Beispiel im Kapitel 4.3 (S. 47) illustriert. Artikel stimmen mit den Substantiven in Kasus und Numerus überein (sie *kongruieren*), sind selbst jedoch abhängig vom unveränderlichen Genus des Substantivs. Grammatiken sprechen deshalb oft davon, dass das Substantiv den Artikel in Bezug auf das Genus »regiere«.

Kasussignale am Artikel sind ein Hinweis auf mögliche Satzgliedfunktionen. So legt **dem** in »dem Kind« ein Dativobjekt nahe. Innerhalb der Satzglieder eröffnen Artikelwörter die nominale Klammer. Wenn diese zu prall gefüllt ist, liegt für Leser zwar eine Informationsverdichtung vor, allerdings auch eine Lesehürde. Fachsprachen liefern für solche Unübersichtlichkeit häufig Beispiele: »... ein unter den genannten Aspekten sicherlich nicht ganz unproblematisches Satzglied ist ...«

Zur Bedeutung

Artikel haben keine Wort-Bedeutung im üblichen Sinne, sie haben Zeige- und Verweisfunktion, sind wie angesprochen Determinierer – ›Festleger‹, ›Eingrenzer‹ von Gegenständen im weiteren Sinne. Dabei kommt es wie so oft zu Mehrdeutigkeiten. Ein **der** in »der Elefant« kann sowohl ein konkretes, dem Leser vorgestelltes Tier meinen als auch (zum Beispiel in einem Tierlexikon) die gesamte Tierart (»generische« Bedeutung).

4.5 Das Pronomen

Gestern war Herr Bauer mit seinem neuen Hund spazieren. Da begegnete ihnen der Nachbar. Er bellte so laut ...

Herr Jakob ärgerte sich über einen Baum vor dem Haus. Herr Jakob sägte den Baum deshalb um. Herr Jakob entdeckte später ein Vogelnest in den Zweigen.

Die sogenannten »Fürwörter« führen im Sprachunterricht im Vergleich mit Substantiven oder Verben ein Schattendasein. Lehrwerke sprechen diese Wortart nicht so sehr deswegen an, um damit – wie im ersten Beispiel – möglichen falschen Bezügen in Schülertexten vorzubeugen (bellt hier der Hund oder der Nachbar?); eher empfehlen sie die Verwendung von Pronomen, um langweilige Textpassagen nachzubessern. Damit wird meist die Herleitung der deutschen Bezeichnung »Für-Wort« verbunden. Dieses steht in der zweiten Satzfolge für »Herr Jakob (**er**)«. Für Nicht-Muttersprachler ist das Zusammenspiel von Personalpronomen und Verb-Endung ein Thema (»ich schreibe« usw.).

> Er trug einen grauen Trenchcoat, dunkle Schuhe und einen ebensolchen Hut. Sein Gesicht war braungebrannt und zeigte schon viele Falten, doch seine Augen leuchteten angriffslustig. Detektiv John Maloy ging schnellen Schrittes die Bond Street hinunter, um sich mit einer Klientin zu treffen.

Ohne Pronomen wären Texte, nicht nur solche von Schülern, sehr schwerfällig und oft nicht zu verstehen, denn die Pronomen leisten viel für die Textverknüpfung. Wie Artikel können sie voraus- oder zurückverweisen. Krimi-Autoren lassen ihr Publikum gern im Ungewissen, indem sie Pronomen verwenden (**er**, **sein**), ohne die handelnde Figur zuvor eindeutig eingeführt zu haben. Der Normalfall entspricht jedoch dem Muster »Frau Schmidt … **Sie** …« Die obige (erfundene) Textpassage zeigt die Leistung der Pronomen, stellvertretend für Substantivgruppen (nicht nur für einzelne Substantive) zu stehen – »**er** / Detektiv John

Maloy« – und außerdem weitere Funktionen und Bedeutungen zu tragen. Im obigen Fall wird durch **sein** (»sein Gesicht«) Zugehörigkeit ausgedrückt, in anderen Fällen kann es Besitz anzeigen (»sein Geld«). Dieses Anzeigen von Besitz erklärt den lateinischen Namen »Possessivpronomen« für **mein, dein, sein** usw. Eine Stellvertreterfunktion kann nicht von allen Pronomen übernommen werden (**ich, du**).

Du, Frau Bauer, hilfst du mir schnell?

Diese Äußerung weist darauf hin, dass Pronomen auch in alltäglicher mündlicher Kommunikation eine große Rolle spielen und diese Wortart entsprechend wichtig ist und nicht vernachlässigt werden darf. Die Äußerung könnte in einem großen Kaufhaus fallen, wo Verkäuferinnen gegenüber der Kollegin in Anwesenheit von Kunden trotz persönlicher Nähe die distanzierte Anredeform wahren. Zum anderen könnte man solche Äußerungen in der Grundschule etwa bis zur zweiten oder dritten Klasse zu hören bekommen. Die Kinder dokumentieren damit Vertrauen und fehlende Distanz. Erst am Ende der Grundschulzeit haben sie mehrheitlich die Konvention übernommen, fremde Erwachsene mit **Sie**, also in der 3. Person Plural anzureden. Dass diese Anrede in früheren Zeiten auch für sehr nahe Angehörige wie Vater oder Mutter galt, zeigen zum Beispiel Mozarts Briefe. Darin ist er für die Mutter »Ihr getreuer Sohn«. Ebenfalls aus dem 18. Jahrhundert ist das distanzierende **Er/Sie** gegenüber Untergebenen bekannt: »**Gebe Sie** mir die Perücke, aber schnell!«

Bei zwanglosen gesellschaftlichen Anlässen stellt sich oft die Frage, ob man jemanden duzen kann, der gleichaltrig ist und einen ähnlichen gesellschaftlichen Status hat. Ein vorschnelles Duzen kann diejenigen irritieren, die eigentlich erwarten, dass das Du erst von ihnen dem Gesprächspartner angeboten wird.

Wir, Friedrich Wilhelm I., verkünden ...

Wie wir in Kapitel 2 dargestellt haben, konnten wir zeigen, dass ...

Und wie geht's uns heute Morgen? (Krankenschwester zur Patientin)

So, wir schlagen jetzt Seite 20 auf. (Lehrer zur Klasse)

Genosse Schröder, du hast ...

Du herkommen, dieses Werkzeug da nehmen ...

Weitere kommunikative Besonderheiten des Pronomen-Gebrauchs werden mit den obigen Beispielen nur angerissen. Nach dem Majestäts-**wir** (Pluralis maiestatis) ist der wissenschaftliche Plural der Bescheidenheit illustriert, es folgen das vereinnahmende Krankenschwestern- und Lehrer-**wir**, schließlich das Genossen-**du** der Sozialdemokratie und das abschätzige, respektlose ›Gastarbeiter-**du**‹ gegenüber ausländischen Arbeitnehmern.

Der Spieler, wo nicht einhundertprozentig mitzieht, hat beim nächsten Match keine Chance.

Dass in süddeutschen Dialekten die Relativpronomen durch das Relativadverb **wo** ersetzt oder ergänzt werden, lässt dieser ›Jürgen-Klinsmann-Relativanschluss‹ erkennen. Über mundartliche Verwendung hinaus wird **wo** allerdings nicht nur in lokaler Bedeutung verwendet, etwa in »ein Vorschlag, wo man nicht weiß, was daraus folgt«.[11]

> Die Erklärung die sie lieferten war mehr als fragwürdig.
> (Lehrerkommentar:) Du hast schon wieder viele Kommas vergessen! Achte auf die Signalwörter!

Neben den Konjunktionen bilden Relativpronomen eine wichtige Untergruppe derjenigen Wörter, die Nebensätze einleiten und daher ein Indiz für die Kommasetzung geben. Da **der, die, das, was** oder **welche** auch anderen Wortarten zugeordnet werden können, also nicht eindeutig und ausschließlich Relativpronomen sind, werden sie gerne übersehen. Insbesondere dann, wenn Relativsätze kurz sind, werden sie unzureichend kommatiert, bei eingeschobenem Relativsatz fehlt meist das zweite Komma.

> Wir haben auf ihre/Ihre Nachricht hin mitgeteilt, dass …

An der Groß- bzw. Kleinschreibung des Possessivpronomens hängt hier ein Bedeutungsunterschied, denn einmal ist die Nachricht einer dritten Person gemeint (Kleinschreibung), während das große I den Adressaten meint (»Höflichkeitsgroßschreibung«). Die Rechtschreibreform von 1998 hat dieses Höflichkeits- und Distanzsignal für

11 Vgl. Eisenberg (2004) S. 277.

du, dich oder **euch** abgeschafft. Neuerdings ist **Du** als Alternativschreibung zu **du** (etwa in Briefen) wieder erlaubt.[12]

> Die Ziele, welche ich oben umrissen habe, sollen nun präzisiert werden.

Für Geschriebenes typisch ist die Verwendung von **welch-**, es kann etwas bemüht und steif klingen, aber auch monotone **der/die/das-**Anschlüsse variieren.

Wortarten-Steckbrief Pronomen

Die folgende Übersicht ist nicht wie bei den anderen Wortarten strikt nach Form, Syntax und Bedeutung sortiert. Diese Trennung wurde vor allem deshalb nicht vorgenommen, weil es Überschneidungen im Formenbestand gibt.

Pronomen (auch: Pronomina) sind deklinierbar, also veränderbar nach Kasus, Numerus und teilweise in der dritten Person nach Genus: **ich, meiner, mir, mich; wir; er, sie, es.**

Pronomen unterteilen sich je nach Auffassung in acht bis zwölf Untergruppen. Diese Untergruppen verfügen nicht alle über eigenständige Formen. So kann **die** sowohl Demonstrativ- als auch Relativpronomen sein (s. S. 64). Nachfolgend werden lediglich einige Hauptgruppen mit Beispielen und einer kurzen Charakterisierung aufgeführt.

12 Siehe Duden (2006) S. 1195.

- *Personalpronomen:* **ich, du, er/sie/es, wir, ihr, sie** sind die prototypischen Pronomen, hier stehen sie im Nominativ. Sie werden differenziert nach Sprecher (1. Person), Angesprochenem/Hörer (2. Person) und Besprochenem/Gesprächsgegenstand (3. Person). Veraltet und nur für wenige Verben gebräuchlich ist der Genitiv: »Sie bedienten sich **seiner**«. Dieser Kasus des Personalpronomens ›beliefert‹ die Possessivpronomen (**seiner/ sein** ...). Dativ und Akkusativ der Personalpronomen sind hinsichtlich ihrer Form identisch mit den Reflexivpronomen, ausgenommen die dritte Person Singular mit der eigenen Form **sich** (s. S. 65).
  Schwierigkeiten bei der syntaktischen Funktionsbestimmung macht **es**, das einerseits auf Wortgruppen mit Substantiven im Neutrum verweist (»das alte Haus – **es**«), andererseits grammatische Funktionen ausfüllt: **Es** ist beispielsweise formales Subjekt in »**es** regnet« oder Platzhalter für andere sprachliche Ausdrücke.
- *Demonstrativpronomen:* **dieser, jener, solch** ... verkörpern die Zeigefunktion der Wortart am auffälligsten. Auch betonte **der, die, das** gehören dazu: »**Die** kenn' ich«.
- *Possessivpronomen:* **mein, dein, sein/ihr** ... werden meist als Begleiter gebraucht und bringen Zugehörigkeiten zum Ausdruck: »**mein** Rücken«. Der Ebay-Werbeslogan »3 – 2 – 1 – meins!« illustriert dagegen die Verwendung des Possessivums als Stellvertreter.
- *Relativpronomen:* **der, die, das, was, welch-** stellen in der Regel Bezüge zwischen Substantivgruppen des übergeordneten Satzes und Nebensätzen her. Ihr Kasus ist abhängig von ihrer Satzgliedfunktion im Nebensatz: »Der Junge, **den** wir gefragt hatten« (**den** ist in diesem Fall Akkusativobjekt).
- *Fragepronomen* (auch Interrogativpronomen): **wer, was,**

welch- und **was für ein** leiten meist Ergänzungsfragen ein. Ihnen ähnlich sind bezüglich der Funktion die Frage-Adverbien **wo, wann, wie** …

- *Indefinitpronomen:* **man, jemand, irgendein, etwas, alle, manche** (in vielen Grammatiken auch die verneinten **kein, nichts, niemand**) sind Pronomen, die Gegenstände im weiteren Sinne unbestimmt lassen. Auch **einige** gehört dazu. Der Ausdruck **einige** ist kein Adjektiv, wie es auf den ersten Blick scheint, denn er passt nicht in die nominale Klammer: »*die einigen Häuser«. Mit Formulierungen wie »**man** müsste da mal was ändern« bleibt der Adressat unbenannt und auch der Sprecher gibt seine Verantwortung weiter.
- *Reflexivpronomen:* **mich, dich** … sind in Abhängigkeit vom Verb dann Reflexivpronomen, wenn ein Rückbezug zum Subjekt (selten: zum Objekt) vorliegt: »ich freue **mich**«. Bei **sich** liegt in jedem Fall ein Vertreter dieser Wortart vor, denn es gibt hier keine weitere Zuordnungsmöglichkeit: »sie betrinkt **sich**«.

4.6 Das Adjektiv

Das Kleid hat eine rosane (lilane) Farbe.

Diese nicht nur bei Kindern zu hörende umgangssprachliche Formulierung beleuchtet einige Merkmale der Wortart Adjektive:

»Rosa« oder »lila« geben die Art der Farbe an, insofern erscheinen die deutschen Schulbezeichnungen der Wortart, »Eigenschaftswort« oder »Wie-Wort«, auf den ersten

Blick plausibel. Eine bevorzugte Position der Adjektive ist offenbar die vor einem Substantiv. In dieser Position bekommt das Adjektiv bestimmte Endungen angefügt: »eine grüne Farbe«. Die allermeisten Adjektive müssen mit solchen Endungen versehen werden, aber, wie das Beispiel zeigt, einige Farbadjektive fremder Herkunft nicht. Sprecher des Satzes oben integrieren das Fremdwort, indem sie es grammatisch als einheimisches Wort betrachten und entsprechend mit einer Flexionsendung versehen.

Freizeitspaß pur

Kaviar satt

Forelle blau

Die Nachstellung des zum Substantiv gehörenden (attributiven) Adjektivs bildet für das Deutsche – im Gegensatz zu manchen anderen europäischen Sprachen, wo sie die Regel ist (*vino bianco*, *vin blanc*, *vinho verde*) – eine Ausnahme.

Ritter Sport. Quadratisch. Praktisch. Gut.

Der bekannte Schokoladen-Werbeslogan bringt in seiner Kürze die zentrale Leistung der Adjektive auf den Punkt: Sie schreiben bestimmten Größen bestimmte Eigenschaften zu. Werden die drei Adjektive weggelassen, bleibt übrig: »Ritter Sport. –. –. –.« Die Werbebotschaft bricht zusammen.

Adjektivhäufungen können im Zusammenhang mit bestimmten Textsorten angemessen sein. In journalistischen oder literarischen Texten findet sich aber manchmal auch eine bemüht wirkende und überflüssige Konzentration der Wortart. Der Journalist Wolf Schneider warnt davor, indem er den Anfang des Volkslieds »Am Brunnen vor dem Tore« durch störende Adjektive aufschwemmt:[13]

> »Am ausgetretenen Brunnen vor dem weinlaubumrankten, halbverfallenen Tore steht ein knorriger Lindenbaum«

und anschließend einen Aushang des französischen Verlegers und Politikers Clemenceau zitiert:[14]

> »Bevor Sie ein Adjektiv hinschreiben, kommen Sie zu mir in den dritten Stock und fragen, ob es nötig ist.«

> ? Die Tomaten da sind röter.

Was im Alltag zu hören und vielleicht gerade noch akzeptabel ist, findet sich in der Schriftsprache eher als »… sind intensiver rot«. Die Ausnahmen, in denen einige Adjektive nicht gesteigert werden können, weil eine Steigerung bereits allein inhaltlich gesehen keinen Sinn ergibt, bestätigen die Regel, dass die Wortart charakterisiert ist durch ihre *Steigerbarkeit*. Diese Steigerbarkeit (**dick, dicker, am dicksten**) sollte jedoch besser *Komparierbarkeit* benannt

13 Schneider (1998) S. 32.
14 Ebd.

sein. Damit ist das Anfügen von **-er** und **-(e)st** an die »Grundstufe« gemeint. Inhaltlich steigern, hervorheben kann man dagegen auch durch andere sprachliche Mittel, etwa durch Formulierungen wie »**sehr** dick«, »**extrem** dick«, »**daumen**dick« ...

Wortarten-Steckbrief Adjektiv

Zur Form

In Hinsicht auf ihre Form sind Adjektive doppelt zu charakterisieren. Zum einen gibt es typische Suffixe wie **-ig**, **-isch** oder **-bar** (in »steinig«, »tierisch«, »fruchtbar«), an denen die Wortart erkannt werden kann. Zum anderen können Adjektive nach Kasus, Numerus und Genus verändert, also dekliniert werden: »ein neuer Abschnitt, einen neuen Abschnitt, neue Abschnitte«, »ein neues Kapitel«.

Für Nichtmuttersprachler besonders schwer zu lernen sind die beiden Deklinationsarten. Geht kein Begleiter voraus, an dem Flexion abzulesen ist, übernimmt das Adjektiv diese Funktion. Das Adjektiv zeigt dann Kasus, Numerus und Genus an und wird als *stark dekliniert* bezeichnet: »(ein) schwerer Unfall«. Geht ein flektierter Begleiter voraus, wird das Adjektiv *schwach dekliniert*: »der/dieser schwere Unfall«. Die grammatischen Signale für Genus und Kasus finden sich also nur einmal in der Wortgruppe markiert. Die »starken« Veränderungen am Adjektiv sind **-e**, **-em**, **-en**, **-er**, **-es**, die »schwachen« **-e** und **-en**.

Die Besonderheiten der Komparation wurden bereits angesprochen. Durch **-er** wird aus dem Positiv der *Komparativ* (also die Steigerung erster Stufe), durch **-(e)st** der *Superlativ*: **alt, älter, am ältesten**. Formen wie »höchstwahrscheinlich« oder »größtmöglich« belegen, dass nach **-st** die

Morphemgrenze (also die Grenze zwischen Komparationsendung und Deklinationsendung) verläuft. Schulische Übersetzungen für die drei Komparationsformen lauten z. B. »Grundstufe«, »Vergleichsstufe« und »Höchststufe«. Auffälligkeiten, die ausländische Lerner sich einprägen müssen, sind: **hoch, höher, am höchsten; nah, näher, am nächsten**. Mit und ohne Umlaut existieren **krumm – krümmer, krumm – krummer**. Bei auslautendem **s** wird das **s** des Superlativ-Bausteins getilgt: **groß, größer, am größten**. Ersatzformen wie **gut, besser, am besten** und **viel, mehr, am meisten** sind analog auch aus dem Englischen bekannt.

Die Deklinierbarkeit einschließlich der Komparierbarkeit bietet zusammen mit der attributiven Verwendung (s. Kap. 6, S. 117–120) eine sichere Möglichkeit der Abgrenzung gegenüber anderen Wortarten.

Zur Verwendung im Satz

Adjektive werden am sichersten identifiziert, wenn man die – didaktisch gesprochen – »Quetschprobe« macht: Das zu bestimmende Wort wird zwischen Artikel und Substantiv eingesetzt. Ergibt sich eine sinnvolle Wendung, handelt es sich um ein Adjektiv. Beispiel: »kostenlos – eine kostenlose Nutzung«, aber: »umsonst – *eine umsonste Nutzung« (»umsonst« ist ein Adverb, vgl. Kap. 4.7, S. 72–78). In »eine kostenlose Nutzung« besteht Übereinstimmung (*Kongruenz*) zwischen Substantiv und Adjektiv hinsichtlich Kasus und Numerus, hier Nominativ oder Akkusativ Singular. Das Genus, hier Femininum, wird vom Substantiv bestimmt. Die Verwendung als Beifügung zum Substantiv, also die *attributive* Stellung, ist am häufigsten. Daneben werden Adjektive prädikativ und adverbiell verwendet.

Prädikativ: »Die Nutzung ist kostenlos«. Das Adjektiv bleibt unflektiert – im Gegensatz etwa zum Französischen oder Italienischen. Es bezieht sich auf das Subjekt, hier »die Nutzung«, seltener auf ein Akkusativobjekt, und ist mit diesem über ein sogenanntes Kopulaverb verbunden. Solche Verknüpfer-Verben sind vor allem **sein**, **bleiben** und **werden** (s. Kap. 4.2, S. 45).

Adverbiell: »Sie telefoniert sonntags kostenlos«. Der adverbielle Gebrauch bezieht sich auf ein Verb (man kann hier fragen: »wie? – kostenlos«).

Ähnlich wie Verben können auch Adjektive im Satz die Wörter ihrer Umgebung verändern. So fordern »müde« und »überdrüssig« den Genitiv in »ich bin seines Gejammers müde/überdrüssig«, oder »lang« den Akkusativ in »einen Meter lang«. Rechnet man Partizipien wie »kämpfend« oder »erschöpft« zu den Adjektiven, gilt dasselbe: »der um seinen Einfluss kämpfende Politiker« (präpositionaler Anschluss mit **um**), »das von der Anstrengung erschöpfte Kind« (präpositionaler Anschluss mit **von**).

Zur Bedeutung

Es wurde schon weiter oben deutlich gemacht, dass es je nach Bedeutung Untergruppen der Adjektive gibt, die auch in ihrer Formänderung auffällig sind. Üblicherweise werden als Kern der Wortart die *Eigenschaftsadjektive* angesehen, neben diesen gibt es *Formadjektive* (»quadratisch«, »dreieckig«, »rund«, die nicht komparierbar sind), *Bereichs-/Beziehungsadjektive* (»staatlich«, »italienisch«, »hessisch«, »medizinisch« – die nicht komparierbar sind) und schließlich die *Zahladjektive* (»die **drei** Freunde«, »der **dritte** Mann«) mit der Untergruppe der *unbestimmten Zahladjektive* (»diese **vielen/wenigen** Leute«). Für diese und andere Adjektive des Randbereichs ist die beliebte Wie-Frage nicht zielführend: »*Wie ist der Eingriff? – medizinisch«. Stattdessen wird »Was für ein …?« gefragt.

»Zahlwörter« wie »acht« oder »doppelt« als eigene Wortart »Numerale« zu werten wird heute nicht mehr ernsthaft vorgenommen – obgleich diese ›Geister-Wortart‹ in Schülergrammatiken immer noch auftaucht. Legt man als einziges Kriterium die Wortart-Bedeutung an, so führt das in letzter Konsequenz dazu, dass sich bei solchen Ordnungsversuchen neben den genannten Adjektiven in einer Wortart Substantive (»die Million«), Verben (»verdoppeln«) und Adverbien (»erstens«, »zweitens«) versammeln!

Zu den *qualitativen Adjektiven*, die Eigenschaften bezeichnen, gehören die sogenannten *absoluten Adjektive* wie »tot«, »stumm«, »schwanger«, »riesengroß«, »ellenlang«. Bei ihnen ist wie bei den Stoffadjektiven (»golden«, »kupfern«) Komparation sinnlos, weil keine inhaltliche Steigerung möglich ist (ein Toter kann nicht noch toter werden).

Zu den Vergleichswörtchen – »so groß **wie**«; »größer **als**« – vgl. Kap. 4.9, S. 88.

Die Bedeutung von Adjektiven wandelt sich ständig. Dies zeigt besonders die jugendsprachliche Verwendung von »fett«, »geil«, »voll« (»voll fett«), »krass«, »gediegen«, »herb« oder »ätzend«. Die jeweilige Ausgangsbedeutung wird reduziert auf z. B. ›gut‹ (»gediegen«), ›erstaunlich‹ (»krass«) oder ›unangenehm, schlecht‹ (»ätzend«).

Sprachwandel zeigt sich ebenso im Übertritt von Formen in eine andere Wortart. So moniert Bastian Sick den zunehmenden adjektivischen Gebrauch von Adverbien auf **-weise**: »?das fassweise Abfüllen«.[15] Dagegen lässt das

15 Sick (2004) S. 110 ff.

Deutsche Universalwörterbuch attributiven Gebrauch zu: »die schrittweise Angleichung der Gehälter«.[16] Schon lange in die Wortart Adjektiv aufgenommen ist das Substantiv »Klasse«: »die Klasse« – »sie ist klasse«, »eine klasse Frau«. Dagegen ist »*ein riesen Ereignis« noch nicht zulässig.

4.7 Das Adverb

Gern Dort Neulich Vorsichtshalber	} warteten die alten Damen auf den Bus.

Würden die links stehenden Wörter abgedeckt, wüssten wir nicht mehr, **wie**, **wo**, **wann** und **warum** die alten Damen auf den Bus warteten. Wir hätten keine Information über die Umstände ihres Wartens. Weil die Wörter am Satzanfang jeweils entsprechende Umstände angeben, unter denen etwas geschieht, hat man sie in Schulgrammatiken »Umstandswörter« genannt. Die übliche Bezeichnung für sie lautet jedoch *Adverb* (Plural: Adverbien), weil »Umstände« auch durch Vertreter anderer Wortarten angegeben werden können. »Ad-Verb« bedeutet dabei nicht ›zum Verb‹, sondern ›Bei-Wort‹. Die Beispiele im folgenden Abschnitt »Zur Verwendung im Satz« zeigen an, welchen sprachlichen Einheiten das Adverb beigegeben wird. Wie bei den vier Adverbien oben leicht nachzuprüfen ist, lassen sie sich nicht flektieren (»beugen«). Eine Verwendung wie »*der neuliche Unfall« ist also ungrammatisch,

16 *Deutsches Universalwörterbuch* (2001) S. 1406.

und das süddeutsche »*Ich mag Spätzle gerner wie Kroketten« ist selbst im Dialekt fraglich. Lediglich **oft/öfter** bildet eine akzeptable Ausnahme.

Die Eingangssätze zeigen neben der inhaltlichen Leistung der Wortart zusätzlich zur Nicht-Flektierbarkeit eine dritte Eigenschaft auf: Adverbien sind im Aussagesatz vor der Personalform des Verbs platzierbar. Oder mit anderen Worten: Sie sind erststellenfähig. Das unterscheidet sie von anderen Wörtern wie **denn**, **aber** oder **nicht**, die nicht vor der Personalform im Aussagesatz stehen können: »*Nicht warteten die alten Damen ...«

Wie immer trat Ute forsch auf. Sie hatte meist Erfolg.

Wie immer trat Ute forsch auf. Damit hatte sie meist Erfolg.

Wie immer trat Ute forsch auf, womit sie meist Erfolg hatte.

Wie immer trat Ute forsch auf. Deshalb hatte sie meist Erfolg.

Die beiden Sätze des ersten Beispiels überlassen es dem Leser, einen Zusammenhang zwischen dem forschen Auftreten und dem Erfolg herzustellen, die drei folgenden Beispiele enthalten Wörter als Hinweise auf »Gedankenbrücken« (Heringer) zwischen den beiden Sachverhalten. **Damit**, auf der ersten Silbe betont, etabliert eine Zweck-Mittel-Beziehung zwischen den beiden Sätzen, im weitesten Sinne also ein kausales Verhältnis. Das forsche Auftreten war ein Mittel, um erfolgreich zu sein. **Damit** ersetzt den vorausgehenden Satz, weist auf ihn zurück, hat also eine pronominale Funktion. Aus diesem Grunde wird es als *Pronominaladverb* bezeichnet.

Inhaltlich und hinsichtlich der Untergruppe der Wortart trifft dies auch auf **womit** im nächsten Satz zu. Allerdings wird durch **womit** ein Nebensatz mit Letztstellung des Verbs ›angedockt‹ (im Lateinischen ist ein solcher relativischer Anschluss auch mit einem Hauptsatz möglich, im Deutschen nicht). **Damit** gliedert dagegen einen Hauptsatz an, was die Zweitstellung des Verbs (»hatte«) zeigt.

Im letzten Beispiel ist **deshalb** zu lesen als »aus diesem Grund«, denn es zeigt einen Ursache-Wirkungs-Zusammenhang an, also ebenfalls ein kausales Verhältnis. **Deshalb** enthält mit **des-** zwar noch ein Stellvertreter-Element, gilt als Ganzes jedoch als Verbindungsadverb (*Konjunktionaladverb*). Die drei letzten der vier Beispiele zeigen deutlich, dass die Verwendung von Konjunktional- und Pronominaladverbien Lesern das Verstehen erleichtert, weil inhaltliche Zusammenhänge an der »Textoberfläche« erkennbar sind.

Zur Kritik an der adjektivischen Verwendung von bestimmten Adverbien (»der teilweise Erfolg«) siehe Kap. 4.6 (S. 71 f.). Möglicherweise macht der Sprachwandel diese Kritik gegenstandslos und die entsprechenden Adverbien finden sich in einigen Jahren auch in den Abschnitten über Adjektive in den Grammatiken wieder.

*Eines morgens ...

... am Morgen

*Wir standen Morgens nur ungern auf.

In der Sekundarstufe sind Zeitangaben ein beliebtes Unterrichtsthema. Die Fehlschreibungen kommen vor allem dann zustande, wenn der Begleiter nicht zur Kenntnis genommen wird, wie dies bei **eines Morgens** der Fall ist, während das **-m** in **am** des zweiten Beispiels normgerecht als Großschreibungssignal verstanden und genutzt wurde. Im dritten Beispiel muss verstanden werden, dass bei **morgens** kein Genitiv-s (sprachgeschichtlich war dies jedoch der Fall), sondern eine typische Adverb-Endung vorliegt.

Wortarten-Steckbrief Adverb

Zur Form

Obgleich die Adverbien (bis auf wenige Ausnahmen wie **oft**) nicht flektierbar sind, lassen sich doch einige formale Auffälligkeiten an ihnen beobachten. Von den einfachen Adverbien wie **so, da, hier** oder **nun** heben sich zusammengesetzte (**hierher, dorthin, bisher**) und solche mit charakteristischen Endungen ab:

- **-s**: morgens, abends, mittwochs, rechts, links …
- **-ens**: rechtens, bestens, erstens …
- **-weise**: erfreulicherweise, glücklicherweise, glasweise …
- **-wärts**: abwärts, vorwärts, rückwärts …

Dies sind nur die bekannteren Suffixe.[17] Die Auflistung zeigt, dass die deutschen Adverbien uns nicht wie diejenigen anderer Sprachen eindeutige Suffix-Signale geben. Man beachte dagegen – trotz einiger Ausnahmen – *badly* (engl.), *certamente* (ital.), *lentement* (frz.) oder *realiter* und *recte* (lat). Neben den oben genannten typischen Endungen müssen daher die genannten zusätzlichen Identifikationsmöglichkeiten genutzt werden.

17 Umfassend aufgeführt sind sie in Fleischer/Barz (1995).

Ein begriffliches Problem stellt sich mit der Abgrenzung der Adverbien von den Adjektiven. Da Adjektive prinzipiell flektierbar sind, wird **schnell** in »sie schwimmt schnell« auf keinen Fall als Adverb bezeichnet, sondern als adverbiell gebrauchtes Adjektiv (s. S. 70).

Zur Verwendung im Satz

Die Umstellprobe zeigt, dass Adverbien eigenständige Satzglieder sein können: »Die alten Damen warteten **gern** auf den Bus«. Andererseits gibt es Verwendungen wie »Die Frau **da** trägt einen roten Hut« / »Einen roten Hut trägt die Frau **da**«. Hier wandert bei der Umstellung das Adverb **da** mit dem Kern des Satzglieds (Frau) mit.

Als selbstständiges Satzglied haben Adverbien häufig die Funktion des *Adverbials* (der Umstandsbestimmung). Dies ist vielfach Anlass von Verwechslungen auf der Wortart- und der Satzglied-Ebene. Wird das **dort** des Beispielsatzes oben durch »an der Haltestelle« ersetzt, zeigt sich, dass die Stelle vor dem Verb »warteten« unterschiedlich befüllbar ist. Bei »dort« und »an der Haltestelle« liegt beide Male ein lokales Adverbial vor, jedoch ist die erste Befüllung ein Adverb, die zweite demgegenüber eine Präpositionalgruppe.

Adverbiale sind normalerweise im Satz weglassbar, ohne dass der Satz ungrammatisch würde. Natürlich gehen dabei lokale, temporale usw. Informationen verloren. Selten werden Adverbiale vom Verb gefordert: »Sie wohnt hier«. Das Adverb als Füllung der Adverbialstelle im Satz kann hier nicht getilgt werden. Adverbien treten ebenfalls eher selten als Prädikative auf: »Verena bleibt dort«.

Als unselbstständige Teile von Satzgliedern wie in »die Frau dort« sind Adverbien Attribute (s. Kap. 6, S. 118).

Text- und satzbezogen unterteilt man die Adverbien – allerdings in vielen Grammatiken sehr uneinheitlich – nach

- *Pronominaladverbien* wie **hier**, **so** oder **dann**, die im Text schon Erwähntes ersetzen;
- *Präpositionaladverbien* mit derselben Funktion, die aus **da(r)-**, **wo(r)-** und **hier-** gebildet werden (**daran**, **woran**, **hierauf**); sie enthalten eine Präposition;
- *Konjunktionaladverbien* wie **trotzdem** und **deshalb**, die Sätze oder Wortgruppen verbinden;
- *Relativadverbien*, die Relativsätze einleiten, aber keine Relativpronomen sind: **wo, wie, wobei** … in Beispielen wie »der Ort, wo …«, »die Frage, wie …«;
- *Frageadverbien:* **wann, wo, warum** …?

Ein Teil des Formenbestandes überschneidet sich zudem. Deshalb formuliert Peter Eisenberg zu Recht: »Die Adverbien gehören zum Widerspenstigsten und Unübersichtlichsten, was die deutsche Grammatik zu bieten hat […], auch im Terminologischen besteht ein Wirrwarr, der seinesgleichen sucht.«[18]

Zur Bedeutung

Übersichtlicher stellen sich die ›klassischen‹ Adverbgruppen hinsichtlich ihrer Bedeutung dar. Einigkeit besteht im Hinblick auf die Sortierung nach vier Hauptgruppen, die durch **wo/wohin/woher, wann / wie oft, wie/inwiefern, warum/wozu** usw. erfragbar sind:

- *lokale* Adverbien: **hinten, nirgends, überall, nebenan** …
- *temporale* Adverbien: **oft, jetzt, manchmal, neulich** …
- *modale* Adverbien: **gern, umsonst, ebenfalls, vergebens** …
- *kausale* Adverbien: **folglich, umständehalber, vorsichtshalber** …

18 Eisenberg (2004) S. 208.

Die jeweiligen Gruppen lassen sich weiter untergliedern. Die Ortsadverbien können nach Lage (**links**) oder Richtung (**hinauf**, **dahin**, **aufwärts**) differenziert werden, die temporalen nach Dauer, Zeitpunkt, Zeitraum oder Häufigkeit. Dies trifft auch auf die beiden anderen Bedeutungsebenen zu.

Abgrenzungsprobleme bestehen zu den Partikeln (Grad- bzw. Graduierungs-, Kommentar-, Modal-, Fokuspartikeln …, s. Kap. 4.11, S. 93–97) oder zu Modalwörtern.[19] Ein Wort wie **vielleicht**, das u. a. zu den Modalwörtern oder Kommentarpartikeln gerechnet werden kann, steuert ja zur Satzaussage »regnen« in »vielleicht regnet es« nichts bei, sondern zweifelt die Satzaussage grundsätzlich als Ganze an.[20]

4.8 Die Präposition

Kebab mit alles
Kebab mit scharf
Kebab ohne scharf
Kebab mit ohne scharf
Kebab mit viel scharf
Pommes mit ohne beides

Derjenige, der so sein Fastfood bestellt, hat entweder (noch) Schwierigkeiten mit der deutschen Sprache oder er

19 Vgl. Helbig/Buscha (1994).
20 Eine zuverlässige und ausreichend differenzierte knappe Auffächerung findet sich bei Kürschner (2003) S. 142 ff.

karikiert eine bestimmte Sprechweise. Die Korrektur »mit allem« zeigt ein Lernproblem für Nicht-Muttersprachler: Die Wörter **mit** und **ohne** gehören zur Wortart *Präposition*, deren zentrale Eigenschaft die Kasusrektion ist, d. h. Präpositionen fordern einen bestimmten »Fall«: Genitiv, Dativ oder Akkusativ. Deutschlerner prägen sich daher kasusbezogen die einschlägigen Untergruppen ein. Üblicherweise folgt der Präposition eine Nominalgruppe, selten jedoch ein Adjektiv wie oben »scharf«. Die »mit ohne«-Formulierung tritt auch im kindlichen Spracherwerb auf und belegt, dass offensichtlich »X mit Y« zuerst gelernt wird (»Pommes mit Ketchup und Majo«).

* In Anbetracht dieser umfangreichen Analyse, könnte man zu der Einsicht gelangen, dass …

auf weiteres
von weitem
des Weiteren
auf Deutsch
in Blau

Diese Beispiele zeigen, dass das Auftreten von Präpositionen im Satz auch rechtschreibliche Konsequenzen nach sich ziehen kann. Im ersten Fall hat die Schreiberin fälschlicherweise ein Komma gesetzt, obwohl kein Nebensatz vorliegt. Es gibt offenbar eine Tendenz, längere Satzglieder, wie dies Präpositionalgruppen manchmal sind, durch Komma zu markieren, auch wenn hierfür eigentlich keine Notwendigkeit vorliegt.

Irritierender kann die zweite Fallgruppe wirken: Die beiden ersten Schreibungen belegen, dass Adjektive, auch wenn sie Kasusendungen tragen, nach Präpositionen nicht großgeschrieben werden. Dagegen ist bei »des Weiteren« der Artikel Großschreibungssignal. Die beiden letzten Beispiele sind Ausnahmen der Rechtschreibreform für Sprachbezeichnungen und Farbadjektive (vgl. § 58 der amtlichen Regelung der deutschen Rechtschreibung).

> Sehr geehrter Herr ...,
> das Einkommen des Ehegatten bzw. Partners *in* einer eheähnlichen Gemeinschaft ist *nach* Abzug eines Freibetrages *in* Höhe der eigenen Arbeitslosenhilfe, die dem Ehegatten/Partner *nach* dem ermittelten Einkommen zu gewähren wäre, und weiterer Unterhaltsleistungen, die der Ehepartner/Partner aufgrund einer rechtlichen Verpflichtung zu erbringen hat, sowie *nach* Abzug der *auf* das Einkommen entfallenden Steuern, angemessenen Aufwendungen *zum* Erwerb, *zur* Sicherung und Erhaltung der Einnahmen ... anzurechnen.

Bei dieser Reaktion einer Arbeitsagentur auf einen Arbeitslosenhilfeantrag fällt besonders deutlich auf, dass das oft gescholtene, unverständliche Bürokratendeutsch immer noch existiert. Eines seiner Merkmale ist das gehäufte Auftreten von Präpositionen, genauer: von Präpositionalgruppen. Daran kann man zweierlei sehen: Präpositionen werden im Satz nie isoliert verwendet: **in** braucht als Ergänzung beispielsweise »... einer eheähnlichen Gemeinschaft«. Wie oben angesprochen, muss diese Ergänzung in einem spezifischen Kasus stehen, hier im Dativ. Dass manche Präpositionen auch zwei Kasus regieren, erkennt man an der Akkusativ-Variante: »in eine eheliche Gemeinschaft (eintreten)«. Üblicherweise steht der Akkusativ für eine Richtung (wohin?), der Dativ für eine Position (wo?).

Zweitens zeigt sich inhaltlich, dass Präpositionen und die von ihnen dominierten Wortgruppen ein Geschehen zeitlich, räumlich, begründend und nach der Art und Weise einordnen (s. S. 84). Aus diesen Gründen ist es keine Überraschung, dass Gesetze und andere juristische Texte, die genaue Festlegungen benötigen, mit Präpositionalgruppen geradezu gespickt sind.

Eine dritte Beobachtung zum Text betrifft Wörter wie **zum** und **zur**. Hier handelt es sich nicht um Präpositionen, sondern um Zwitter aus Präposition und Artikel (**zu** + **dem**, **zu** + **der**). Die Sprachwissenschaft bezeichnet sie anschaulich als *Verschmelzungen* (auch: *Amalgamierungen*, *Kontaminationen*). Der Artikelrest, in unserem Fall **m** und **r**, ist ein Großschreibungshinweis. Andererseits können die Verschmelzungen im Satzzusammenhang nicht umstandslos durch ihre beiden Bestandteile ersetzt werden (»**im** Voraus«, nicht »*__in dem__ Voraus«).

Wortarten-Steckbrief Präposition

Zur Form

Obwohl Präpositionen zu den nicht flektierbaren Wortarten gehören, sind einige Auffälligkeiten zu beobachten: Die sprachgeschichtlich älteren Präpositionen sind einfach gebaut: **in, auf, ohne** … Sprachgeschichtlich jüngere sind oft komplex: **oberhalb, abzüglich, entsprechend** … Neben diesen einteiligen Vertretern der Wortart gibt es wenige zweiteilige wie **um** … **herum** oder **von** … **ab.**

Präpositionen haben als Wortart sprachgeschichtlich Vertreter aus anderen Wortarten übernommen, unter anderem bei den Substantiven: »**kraft** (seines Amtes)« oder »**dank** (dieses Geschenks)« zeigen die Herkunft von den Substantiven auch dadurch, dass sie den Genitiv fordern können, wie dies allen Substantiven eigen ist.[21]

Zur Verwendung im Satz

Präpositionen verknüpfen andere Wörter, meist Substantive oder Pronomen, zu Präpositionalgruppen. Diese werden auch *Präpositionalphrase* oder *-gefüge* genannt. In der Regel stehen Präpositionen vor den abhängigen Wörtern, woraus sich ihr aus dem Lateinischen kommender Name herleitet (wörtlich ›Voranstellung‹). Seltener zu beobachten ist nachgestellter Gebrauch (»Postposition«) wie in »den Vorschriften gemäß« (auch: »gemäß den Vorschriften«). Der hier geforderte Kasus ist der Dativ. Sind zwei verschiedene Kasusanschlüsse möglich, gilt der Genitiv stilistisch als höherwertig (»wegen des Unfalls«) gegenüber dem in der gesprochenen Sprache vorherrschenden Dativ (»wegen dem Unfall«).

Anderseits kennzeichnen wechselnde Kasusforderungen bei einigen Präpositionen Bedeutungsunterschiede (s. S. 84): »vor das Haus« (Akkusativ, Richtung) / »vor dem Haus« (Dativ, Position). Entsprechende Lernprobleme können bei einer Formulierung wie »Heike war in *einem Graben gefallen« auftreten.

Präpositionalgruppen können im Satz unterschiedliche Funktionen haben. Die wohl häufigste ist das Adverbial (die Umstandsbestimmung): »in der Stadt sahen wir …« Daneben fordern bestimmte Verben eine Ergänzung mit präpositionalem Anschluss: »Sie antwortet auf die Frage«. Bei solchen Präpositionalobjekten trägt die Präposition

21 Vgl. Eisenberg (2004) S. 480.

gewöhnlich keine eigene Bedeutung, im vorliegenden Fall also keine lokale Bedeutung mehr. Zwischen Adverbialen und Präpositionalobjekten kann es Abgrenzungsprobleme geben.

Dialektale Auffälligkeiten im Präpositionengebrauch nördlich des Mains lassen Süddeutsche schmunzeln: »Sie gehen nach Tante Käthe« statt »... zu Tante Käthe«.

Die dritte angesprochene syntaktische Funktion ist eher selten anzutreffen. In einem Satz wie »Der Wein ist dieses Jahr von guter Qualität« fungiert die **von**-Gruppe als Prädikativ (auch: Prädikatsnomen, s. Kap. 5.4, S. 108–110). Voraussetzung ist ein sogenanntes Kopulaverb (s. Kap. 4.2, S. 45) und der Bezug des Satzglieds auf das Subjekt oder Objekt des Satzes. Im Beispielsatz ist »sein« das entsprechende Verb, ein Bezug zum Subjekt »der Wein« ist gegeben.

Schließlich ist der Gebrauch als Attribut (»Beifügung«) zu nennen: »Der Vogel auf dem Dach flog weg«. Hier ist die Präpositionalgruppe »auf dem Dach« kein eigenständiges Satzglied, die Präposition bleibt bei einer Umstellprobe bei ihrem Bezugswort (»Kern«), hier »Vogel«.

Probleme beim Erkennen der Wortart ergeben sich durch Mehrfachzuordnungen. So sind beispielsweise **bis** und **seit** auch Konjunktionen (s. S. 89). In Ausdrücken wie »bis acht Uhr« ist außerdem der präpositionale Charakter nicht leicht zu erkennen. An der Wendung »acht Uhr« ist nämlich kein Kasus ablesbar. Die Ersatzprobe hilft, denn ein maskulines Nomen zeigt an der Begleiter-Endung den Kasus an: »bis dies**en** Dienstag« (Akkusativ). Der Nominativ-Test, ob »*bis dieser Dienstag« möglich ist, zeigt, dass das zu identifizierende Wort keinen präpositionalen Charakter hat.

Zur Bedeutung

Zu unterscheiden sind vier Hauptbedeutungen:[22]

- *lokal:* **auf, vor, nach …**
- *temporal:* **während, vor, auf …**
- *modal:* **ohne, mit, gemäß …**
- *kausal:* **wegen, durch …**

Manche Präpositionen sind mehrdeutig: »vor drei Wochen« (temporal), »vor dem Haus« (lokal), »vor Aufregung« (kausal). In der Schule werden Präpositionen in semantischer Hinsicht leider weitgehend auf die lokale Dimension reduziert. Dies liegt u. a. daran, dass **vor, hinter, unter** usw. visualisierbar und durch Handeln darstellbar sind. Wie das Beispiel »in einer eheähnlichen Gemeinschaft« verdeutlicht, ist die lokale Bedeutung auch im übertragenen Sinne zu verstehen.

4.9 Die Konjunktion

Nina macht früher Schluss. Sie hat genug gearbeitet.

Nina macht früher Schluss, *denn* sie hat genug gearbeitet.

Nina macht früher Schluss, *weil* sie genug gearbeitet hat.

Nina macht früher Schluss, *weil* – sie hat genug gearbeitet.

22 Zu weiteren Dimensionen vgl. Helbig/Buscha (1994) S. 428 ff.

Die Beispielsätze demonstrieren die Vorteile, die Verbindungswörter mit sich bringen. Während zwischen dem ersten Satzpaar eine »Gedankenbrücke« (Heringer) besteht, die an der Textoberfläche nicht sichtbar wird und von Lesern deshalb erschlossen werden muss, machen **denn** und **weil** es den Lesenden einfacher. Die kleinen Wörter verweisen darauf, dass ein begründender, ein Ursache-Wirkung-Zusammenhang zwischen beiden Aussagen besteht. Über die Verbindungsfunktion hinaus steuern Wörter wie **denn** und **weil** also Bedeutung zum so Verbundenen bei. Diese »Bindewörter«, so ihre schulgrammatische Bezeichnung, werden *Konjunktionen* genannt (von lat. *coniungere* ›verbinden‹).

In argumentierenden Texten kommen neben den genannten Konjunktionen **obwohl, da, nämlich** oder **aber** vor. Solcher Konjunktionengebrauch in Texten muss eigens gelernt werden. Grundschulkinder verwenden anfangs nur wenige **als**- oder **weil**-Sätze, während beispielsweise Siebtklässler diese und weitere sehr viel häufiger nutzen.

Der zweite und der dritte Satz belegen, dass es zwei syntaktisch unterschiedliche Konjunktionstypen gibt: Die eine Gruppe dockt nur Nebensätze an den Hauptsatz an, ordnet diese dem Hauptsatz unter. Der **weil**-Satz ist solch ein untergeordneter, *subordinierter* Nebensatz mit Verb-Letztstellung (»weil … gearbeitet hat«). Die zweite Gruppe verbindet dagegen verschiedene sprachliche Einheiten. Im zweiten Satz fügt **denn** zwei Hauptsätze zusammen, *koordiniert* diese. Hauptsätze sind an der Verb-Zweitstellung zu erkennen (»Nina macht«; »sie hat«). Die Konjunktion steht außerhalb des Satzes und wird nicht mitgezählt. Bei der Suche nach dem Verb wird nur die Personalform betrachtet.

Der vierte Satz (»… weil – sie …«) entstammt der gesprochenen Sprache und gibt ein Beispiel für Sprachwandel. Während **weil** mit Verb-Letztstellung als »Sachverhalts-**weil**« bezeichnet wird – die Beziehung zwischen beiden Aussagen ist objektiv gegeben –, ist **weil** mit Verb-Zweitstellung ein sogenanntes »epistemisches **weil**«. Das bedeutet: ›Ich weiß, dass dies so ist‹. Deutlich wird dies an einem Satz wie »Es hat geregnet, weil – mein Auto ist nass«. Die Nässe des Autos ist nämlich keinesfalls eine Begründung für das Regnen. **Weil** meint dagegen etwa: »denn ich sehe es daran, dass mein Auto nass ist«. Der Gedankenstrich steht hier für eine kleine Sprechpause. Diese Sprechpause muss aber nicht artikuliert werden; oft kommen kleine Wörter wie **ja** oder **also** an dieser Stelle vor. Viele Sprachbenutzer lehnen einen solchen **weil**-Gebrauch als stilistisch minderwertig ab. In Süddeutschland kommt er häufiger vor und existiert auch schon seit einigen Jahrzehnten. Da **denn** auch als Modalpartikel (s. Kap. 4.11, S. 94 f.) genutzt wird, ersetzt **weil** mit Verb-Zweitstellung zunehmend **denn** in der gesprochenen Sprache.

Dass Konjunktionen auch für die Zeichensetzung wichtig sind, lässt sich an den folgenden Beispielen erkennen:

*Nachdem alle Fenster geschlossen waren reisten wir in den Urlaub.

Wir bleiben im Urlaub in Deutschland und die Freunde fliegen in die Südsee.

*Wir bleiben im Urlaub in Deutschland aber die Freunde fliegen in die Südsee.

Nachdem gehört zu den subordinierenden Konjunktionen. Diese sind ein wichtiges, wenn auch nicht das einzige Signal für das Vorhandensein eines Nebensatzes und damit für die Kommatierung (vgl. § 74 der amtlichen Regelung der deutschen Rechtschreibung). Insofern liegt im **Nachdem**-Satz ein Kommafehler vor. Leider werden im Unterricht die unterordnenden Konjunktionen häufig nur im Zusammenhang mit der Zeichensetzung behandelt bzw. ihre Bedeutungsträgerschaft in Texten wird nicht immer beachtet.

Auch im zweiten und dritten Beispiel, das sich auf § 72 der amtlichen Regelung bezieht, ist die Kenntnis der Konjunktionen wichtig. Werden gleichrangige Hauptsätze durch **und**, **oder**, **beziehungsweise**, **sowie** und weitere anreihende Konjunktionen verbunden, so verlangte die Norm bislang kein Komma. Es konnte aber als Gliederungshilfe gesetzt werden (vgl. § 73). Dagegen musste bei **aber** und anderen entgegenstellenden Bindewörtern das Komma stehen. Neuere Diskussionen sehen bei **und** usw. wieder eine verbindliche Gliederung durch Kommas vor.

Die normwidrigen Beispiele müssen also mit richtiger Zeichensetzung lauten:

Nachdem alle Fenster geschlossen waren, reisten wir in den Urlaub.

Wir bleiben im Urlaub in Deutschland, und die Freunde fliegen in die Südsee.

Wir bleiben im Urlaub in Deutschland, aber die Freunde fliegen in die Südsee.

Im Gegensatz zu Präpositionen fordern Konjunktionen keinen Kasus. Wie diese sind sie nicht flektierbar, d. h. in ihrer Form veränderbar.

Wortarten-Steckbrief Konjunktion

Zur Form

Man kann einfache (**denn, dass, und**) von zusammengesetzten (**wenngleich, sofern, soweit**) und zweiteiligen Konjunktionen (**im Falle, dass …, statt dass …, bald – bald, entweder – oder**) unterscheiden.

Zur Verwendung im Satz

Konjunktionen können nebenordnen und unterordnen. In nebenordnender (*koordinierender*) Funktion können sie Einheiten verschiedener sprachlicher Ebenen, also vom Wort bis zum Satz, verbinden. Beispiele: »Frauen und Männer« (Wort und Wort), »elegant und von großer Gestalt« (Wort und Wortgruppe), »ob sie kommen oder ob sie es sich noch überlegen wollen« (Nebensatz und Nebensatz). Verbinden sie Wortgruppen, die kein Verb enthalten, werden sie auch als »Satzteilkonjunktionen« bezeichnet. Beispiel: »Müller verlor als Abteilungsleiter seinen Posten (als …)«. Einen Sonderfall bilden die Vergleichskonjunktionen: »größer **als**«, »so groß **wie**«. In süddeutschen Dialekten ist hier die Abweichung »größer **wie**« zu hören, die von hochdeutsch Sprechenden gerne korrigiert wird.

Subordinierende Konjunktionen markieren dagegen die Unterordnung eines Nebensatzes unter einen anderen Satz. Daher werden sie in manchen Grammatiken auch *Subjunktionen* genannt. Beispiel: »Wir gaben auf, obwohl der Sieg zum Greifen nahe war«. Auch Nebensatzvarianten wie Infinitiv- und Partizipgruppen können durch Konjunktionen eingeleitet werden: »…, um nach dem Rechten zu sehen« (**um**); »obgleich noch immer nicht verheiratet, …« (**obgleich**).

Probleme bei der Bestimmung der Konjunktionen können dann auftreten, wenn sie mit anderen Wortarten formgleich sind. Dies ist hinsichtlich der Präpositionen **bis, seit** und **außer** der Fall:

> Seit es so warm ist, läuft der Ventilator.
> (Konjunktion, Verb-Letztstellung)
>
> Seit dem frühen Morgen (*heute/gestern ...*) läuft der Ventilator.
> (Präposition, Kasusforderung Dativ, hier Verb-Zweitstellung)
>
> Ich bleibe wach, bis sie nach Hause kommt.
>
> Die Frist läuft bis nächsten Montag.
>
> Es gibt nichts Gutes, außer man tut es.
>
> Alle außer mir trugen eine Krawatte.

Die Konjunktion **damit**, die auf der zweiten Silbe betont wird, wird wie das Pronominaladverb **damit** geschrieben, Letzteres wird jedoch anders, nämlich auf der ersten Silbe betont.

> Ich bezahle den Schaden, damit du zufrieden bist.
> (Konjunktion)
>
> (...) Damit bin ich nicht einverstanden.
> (Pronominaladverb, ersetzt hier vorausgehenden Sachverhalt)

Zur Abgrenzung der Konjunktionen von den Konjunktionaladverbien siehe Kap. 4.7, S. 74; zum Satzgliedstatus von Konjunktionalgruppen siehe Kap. 5.4, 5.5 und 6, S. 117f.

Zur Bedeutung

Die semantischen Dimensionen können unterschiedlich präzise angegeben werden, die zeitliche Dimension (temporal) beispielsweise ist nach vorzeitig, gleichzeitig, nachzeitig differenzierbar. Die Dimensionen überschneiden sich teilweise bezüglich der beiden syntaktischen Teilgruppen. So gibt es wie oben aufgeführt eine kausale Dimension bei **denn/zumal/nämlich** und **weil/da.**

Weitere Dimensionen sind z. B.:[23]

- *temporal* (Zeitlichkeit angebend): **als, ehe, bevor**
- *final* (Zweck angebend): **damit, um ... zu**
- *konsekutiv* (Folge angebend): **dass, sodass**
- *konditional* (Bedingung angebend): **falls, wenn**
- *konzessiv* (einräumend): **obwohl, wie ... auch**
- *modal* (Umstände angebend): **indem, wie**
- *adversativ* (entgegenstellend): **während, aber**
- *restriktiv* (einschränkend): **jedoch**
- *negierend* (verneinend): **weder ... noch**

Manche Konjunktionen sind mehrdeutig:

Wenn du nicht aufpasst, kannst du stürzen. (konditional)

Wenn die Blätter fallen, ist es Herbst. (temporal)

Während hat in Abhängigkeit vom Kontext eine adversative und eine temporale (Gleichzeitigkeit) Leseart. Semantisch leer sind **ob** und **dass** in Konstruktionen wie den folgenden:

23 Vollständigere Übersichten finden sich im *Schülerduden Grammatik* (1998) oder bei Helbig/Buscha (1994).

Sie fragte mich, ob ...

Ich denke, dass ...

Insgesamt wird deutlich, dass – von Gesichtspunkten der Rechtschreibung abgesehen – besonders Textanalysen und zielgerichtetes Schreiben nicht ohne Nachdenken über die Konjunktionen auskommen.

4.10 Die Interjektion

Das war nun gründlich schiefgegangen. Au weia!

Wie bei den Adverbien und den Partikeln handelt es sich bei Nichtflektierbaren vom Typ **au weia** um eine schwer zu begreifende Spezies mit Abgrenzungsproblemen. Meist widmen ihnen die Grammatiken höchstens eine Seite, meist am Ende der Wortarten-Darstellung. Das ist ein Hinweis auf die eher geringe Bedeutung dieser Gruppe von Wörtern. Im Kern enthält sie lautnachahmende (**haha**), auffordernde (**he, pst**) und Empfindungswörter (**ach, au, iih, igitt, na, oh** ...).

Ebenso wie die anderen Beispiele zeigt **au weia**, dass die Interjektionen etwas bedeuten, obwohl auf den ersten Blick keine richtigen Wörter vorzuliegen scheinen. **Au weia** könnte durch Sätze wie »Das ist bedauerlich« oder »Ich bedaure das« ersetzt werden.

War das kalt – brrr – wir froren erbärmlich.

Die Interjektionen stehen außerhalb des Satzes, verleihen ihm jedoch eine deutliche Emotionalität. Sie stehen auch anstelle eines ausgebauten Satzes, wie das Eingangsbeispiel belegt. Diese Eigenschaften verhalfen ihnen zu syntaktisch begründeten Bezeichnungen: »satzwertig«, »Satzäquivalent«, »Ausdrücke mit Satzcharakter«.

Ja, nein, doch, bitte, danke sind zwar auch Ausrufe und satzwertig, sie werden jedoch nicht zu den Interjektionen gerechnet, weil sie kommunikativ andere Funktionen haben (sie sind Redepartikeln, s. S. 96).

Wortarten-Steckbrief Interjektion

Zur Form

Morphologisch weichen Interjektionen oft von der üblichen Folge aus Konsonant(en)-Vokal-Konsonant(en) ab. So enthalten **brr, mh** und **pst** keine Vokale, während **au, iih** und **oh** nur aus Vokalen bestehen. Auch gibt es mehrere Dopplungen (Reduplikationen): **haha, hoho, eiei, uiuiui, hmhm, igittigitt.**

Zur Verwendung im Satz

Syntaktisch sind die kleinen Wörter nicht erfragbar, sie sind kein Satzglied (wie im Gegensatz zu ihnen die Adverbien es sein können), sondern satzwertig, was viele Partikeln nicht sein können. Es finden sich auch parentheseähnliche Einschübe (»Interjektion« bedeutet vom Lateinischen her wörtlich ›das Dazwischengeworfene‹), wie oben: »War das kalt – brrr – wir froren erbärmlich«.

Zur Bedeutung

Interjektionen können zum ›malenden‹ Schreiben verwendet werden, weil sie Geräusche nachahmen und Emotionen verkörpern können. Dies lässt sich an der folgenden kleinen Auswahl ablesen:

- **ach** – Überraschung, Bedauern, Schadenfreude …
- **au** – Schmerz, Überraschung
- **autsch** – kleiner Schmerz
- **hurra** – Freude
- **iih** – Ekel, Abscheu
- **pst, sch…** – Bitte um Ruhe

Nicht nur **ach** verdeutlicht, dass einige Interjektionen mehrdeutig sind:

> Ach, das war ein schlimmes Ding, wie es Max und Moritz ging. (Bedauern)
>
> Ach, was mir noch einfällt … (Überraschung)

Auf den ersten Blick sind Interjektionen schwer zu beschreiben, doch da auch andere Wortarten nicht flektierbar sind, hilft ein Blick auf die Besonderheit der Satzwertigkeit dieser Wortgruppe. Die mündliche und schriftliche Kommunikation wird in jedem Falle durch die Verwendung von Interjektionen farbiger.

4.11 Die Partikel

In manchen Grammatiken kommt sie gar nicht vor, die Partikel. Wird sie dann doch berücksichtigt, dann ist nicht klar, wie viele Untergruppen es geben soll und wie sie von

Adverbien oder Interjektionen abgegrenzt werden können. Die meist kleinen Wörter wie **eben, nur** oder **sehr** fallen aber durch verschiedene Eigenschaften aus dem Raster der anderen Wortarten heraus und sollten deshalb in einer Restkategorie zusammengefasst werden. In einigen Grammatiken dienen Partikeln als Oberbegriff für alle Nichtflektierbaren, also Konjunktionen, Präpositionen, Adverbien und Interjektionen, hier spricht man von Partikeln im weiten Sinne. Im Folgenden geht es jedoch um Partikeln im engen Sinne.

Was machen Sie da?

Was machen Sie da eigentlich?

Die beiden Fragen unterscheiden sich inhaltlich gesehen kaum voneinander, wohl aber im Tonfall in übertragener Bedeutung. Es kommt hinsichtlich der Wirkung sicher besonders darauf an, ob beide Äußerungen nachdrücklich, aggressiv oder leise artikuliert werden. In jedem Fall kommt durch **eigentlich** eine *emotionale Beteiligung* des Fragenden zum Ausdruck, die besagt: ›Erwartungsgemäß sollten Sie das nicht tun!‹

Was ist denn das?

Sie wurden nicht mehr eingelassen, denn sie waren zu spät gekommen.

Die beiden **denn** gehören erkennbar nicht derselben Wortart an. Während im zweiten Fall durch **denn** ein Hauptsatz an einen anderen angefügt und ein Begründungszusammenhang hergestellt wird, also eine kausale Konjunktion vorliegt, dient das erste **denn** wieder als emotionaler Verstärker wie **eigentlich** in der vorausgehenden Frage. Das zweite **denn** ist eine *Abtönungspartikel.* Das lässt sich verallgemeinern: Der Formenbestand der Partikeln kommt häufig als Doppelform vor: **aber** (Konjunktion), **auch** (Adverb), **einfach** (Adjektiv). Inhaltlich gesehen geht es bei den Abtönungspartikeln nicht nur um emotionale Verstärkung, sondern umgekehrt auch um Abschwächung. So liegt mit **mal** ein klassischer ›Weichmacher‹ nicht nur für schulische Aufforderungen vor: »Schreibt das mal ab.« – »Geben Sie mal her.«

Eine zweite inhaltliche Dimension neben der Abtönung zeigt sich in der *Fokussierung*:

Sogar der Klassenbeste hatte sich beteiligt.

Mit **sogar** rückt der Klassenbeste aus einer mitgedachten oder auch benannten Gruppe derer, die sich beteiligten, in den Mittelpunkt. Ähnlich: »Nur er war in der Lage …« – »Bereits drei Fahrzeuge hatten die Linie überquert …«

Nie war es möglich, …
*Nicht war es möglich, …

Eine dritte inhaltliche Ebene besteht in der *Negation*. Ein Wort wie **nie** negiert einen Sachverhalt unter zeitlichem Aspekt, **nicht** verneint den ganzen Sachverhalt. Das Adverb **nie** kann im Vorfeld allein vor der Personalform stehen, es fungiert als Adverbial. Dagegen kann die Negationspartikel nicht an dieser Stelle stehen. Betrachtet man die genannten Beispiele **sogar** und **denn**, dann lassen sich Partikeln als nicht erststellenfähig (oder: vorfeldfähig) charakterisieren, d. h., sie sind kein Satzglied und werden nicht betont. Das erste Beispiel **eigentlich** scheint auf den ersten Blick dieser Regel zu widersprechen. »Eigentlich mochten wir ihn alle.« In dieser betonten Vorfeldposition ist das Wort aber als Adverb zu klassifizieren.

> Höchst ungern lasse ich mir in die Karten schauen.
>
> Ziemlich dumm war das von ihm.
>
> Wir kennen die Toskana sehr gut.

Gradpartikeln wie **höchst**, **ziemlich** oder **sehr** beziehen sich auf ein Wort und geben die Intensität seiner Bedeutung an.

Ohne Anspruch auf Vollständigkeit[24] sei abschließend eine fünfte Gruppe von Partikeln angesprochen, die über ihre Funktion in Dialogen als *redeleitend* bezeichnet werden können: »**also/so**, jetzt machen wir weiter« (Gesprächsbeginn, Zäsur); »das ist – **ähm** – ein Nebensatz« (Pausensignal, Nachdenken); »das stimmt **doch**?« (Aufforderung zum Gesprächsbeitrag) usw.

24 Vgl. Kürschner (2003).

Wortarten-Steckbrief Partikel

Zur Form

Partikeln sind nicht flektierbar, bleiben unbetont und sind oft formgleich mit ihren Dubletten aus anderen Wortarten. Dies führt zu Abgrenzungsproblemen. Oft zeigen sie eine lautlich auffällige Form.

Zur Verwendung im Satz

Syntaktisch sind sie negativ definiert, sie haben keinen Satzgliedstatus, sind also bei einer Umstellprobe nicht vorfeldfähig. Ihr Vorkommen ist ein Indikator für eine bestimmte Satzart und damit indirekt für die Aussageabsicht. So findet sich etwa **denn** als Partikel nur in Fragesätzen.

Zur Bedeutung

Partikeln sind dem Satz in seiner Aussage nebengeordnet. Sie haben verschiedene Inhalte. Dies reicht von der Abtönung von Aussagen über die Dokumentation der Sprechereinstellungen bis hin zur Fokussierung (und weiteren Aspekten).

5 Die Satzglieder

In Kapitel 1 wurde im Zusammenhang mit den grammatischen Proben bereits auf die Satzgliedgewinnung durch Umstell- und Ersatzproben hingewiesen. Auch für die auf diese Weise erhaltenen Wörter und Wortgruppen mit Satzgliedstatus gelten die bei den Wortarten gemachten Aussagen zur formalen, syntaktischen und semantischen Bestimmung.

5.1 Das Prädikat

Einige Grammatiken bevorzugen den Ausdruck *verbale Teile* für das Prädikat, womit sie die formbezogene Bestimmung vorgeben, dass alle Satzaussagen ein (finites, d. h. veränderbares) Verb enthalten. Die Formulierung »Teile« signalisiert, dass darüber hinaus weitere, nichtverbale Elemente vorhanden sein können.

Prototyp ist das einteilige Prädikat: »Der Stadtführer begrüßt die neue Reisegruppe«. Daneben existieren zweiteilige Prädikate (a) bei zusammengesetzten Tempusformen, (b) bei Passivkonstruktionen, (c) bei sogenannten Partikelverben und (d) einigen Konjunktiven sowie (e) bei Prädikativen:

(a) Der Stadtführer hat die neue Reisegruppe begrüßt.

(b) Die neue Reisegruppe wird vom Stadtführer begrüßt.

(c) Der Stadtführer holt die neue Reisegruppe ab.
(d) Der Stadtführer würde der neuen Reisegruppe gerne alles zeigen.
(e) Der Stadtführer ist der Liebling der neuen Reisegruppe.

Sonderfälle stellen umfangreichere Prädikate vom Typ »zur Durchführung bringen« (s. Kap. 4.2, S. 45) oder »jdn. auf den Arm nehmen« dar. Im ersten Fall spricht man von *Funktionsverbgefügen*, im zweiten Fall von *Mehrwort-Lexemen mit übertragener Bedeutung* oder auch *Redewendungen*. Sorgen machen den Grammatikern ebenfalls die reflexiven Verben in einem Satz wie »sie freuten sich auf die Ferien«. Formal ist in diesem Falle **sich** ein Akkusativ-Objekt, es ist jedoch nicht erfrag- und ersetzbar, gehört also sehr eng zum verbalen Teil des Prädikats und wird daher als *Erweiterung* bezeichnet.

In neueren Grammatiken wird das Prädikat nicht als ein Satzglied wie alle anderen behandelt, sondern als Zentrum des Satzes, von dem die meisten anderen sprachlichen Ausdrücke abhängen (s. Kap. 4.2, S. 44). Das Verb stimmt mit dem Subjekt in Person und Numerus überein. Diese Kongruenz beherrschen Muttersprachler intuitiv, Lernende des Deutschen müssen sich dagegen mühsam einprägen, dass es heißt: »du schreibst, wir schreiben, ihr schreibt« usw.

In Christine Nöstlingers Kinderbuch *Wir pfeifen auf den Gurkenkönig* wird die tyrannische Hauptfigur dagegen durch Abweichungen von dieser Regel einerseits als selbstherrlicher Dysgrammatiker der Lächerlichkeit preisgegeben. Andererseits signalisiert die Abweichung durch die Kongruenzverletzung (»*wir ist«, »*wir bittet«) den Gebrauch einer Herrschaftssprache. Der Gurkenkönig sagt:

> »Wir ist vertrieben sein von aufständiges Untertanen. Wir bittet vorübergehend um die Asyl. Wir ist sehr müde von das viel Aufregung.«

In einem Slogan für das schwäbische Nationalgericht wird Kongruenzverletzung als Blickfang genutzt. Aus Kindermund heißt es da: »Maultaschen schmeckt mir saugut!«

5.2 Das Subjekt

Bis auf wenige Ausnahmen (»Kommt mal her!«) gilt im Deutschen: Kein Satz ist ohne Subjekt. In aller Regel ist das Vorhandensein eines Nominativs ein starker Hinweis auf ein Subjekt, denn: »Das Subjekt steht im Nominativ oder kann durch den Nominativ ersetzt werden.«[25] Folglich muss es aber auch nicht kasusgeprägte Ausdrücke geben, die Subjekte sind.

> Der Kanzler ist der Chef des Kabinetts.
>
> Ihn zu verlieren war das Schlimmste.
>
> Wer das liest, ist doof.
>
> Dass es so lange regnet, ist langsam ärgerlich.

25 Sommerfeldt/Starke (1992) S. 214.

Im zweiten Satz nimmt eine Infinitivgruppe die Subjektfunktion wahr, im dritten und vierten Beispiel sind es Nebensätze, nämlich ein Relativsatz und ein konjunktionaler Nebensatz. Letztere werden wegen ihrer Funktion auch *Subjektsätze* genannt. Dass ganze Sätze die Subjektstelle besetzen können, ist auf den ersten Blick etwas irritierend. Die Ersatzprobe zeigt jedoch schnell, dass die Analyse stimmt: »Das / Dieser Zustand ist langsam ärgerlich«. Stehen wie im ersten Beispiel zwei Nominative im Satz, wird ein Großteil der Sprachbenutzer intuitiv den Normalfall annehmen, dass das Subjekt an erster Stelle steht. So ist es auch hier. In Zweifelsfällen kann man die Infinitivprobe machen, die das Subjekt übrig lässt: »der Chef des Kabinetts sein« grenzt das Subjekt »der Kanzler« aus.

Im Vorverständnis von der Rolle eines Subjekts schwingt bei vielen die allgemeinsprachliche Bedeutung des Begriffs »Subjekt« mit, nämlich Handelnder, Urheber zu sein. Zahlreiche grammatische Subjekte sind in der Tat inhaltlich gesehen Täter, kurz: sie sind ein *Agens* (Handlungsträger). In »Die Autofahrerin hielt an der Ampel« ist dies der Fall. Lässt man Schulkinder unter dieser Voraussetzung aus Sätzen Subjekte heraussuchen, scheitern sie aber an Beispielen wie diesen:

Mein Teller ist leer.

Durch den Windstoß fiel das Fahrrad um.

Zum Aufwärmen wurde der Ball längere Zeit gegen die Wand geschlagen.

Grammatische Subjekte können auch Gegenstände sein (»mein Teller«), die von anderen beeinflusst werden können (»das Fahrrad«), oder sie sind sogar im Wortsinne ›Opfer‹ (*Patiens*) wie im dritten Satz »der Ball«. Darum verbietet sich eine bloß inhaltlich über ›Täter‹ ausgerichtete Suche nach Subjekten.

*Tim und seine Freundin Nora geht einkaufen.

Solche Sätze entstehen dann, wenn Kinder Texte verfassen, ohne das Geschriebene auf seinen Inhalt hin nachzuprüfen. Sie machen die Personalform nur bezüglich des letzten Subjektbestandteils passend und verletzen damit die *Kongruenz* (Übereinstimmung) zwischen Subjekt und Prädikat. Der Grund für die fehlerhafte Zuschreibung liegt in der Mehrfachbesetzung des Subjekts, wodurch der Numerus ›zusammengezogen‹ werden muss. Übliche PC-Grammatikprüfprogramme finden solche Normverstöße nicht, wohl aber monieren sie Fehler wie »*Seine Freundin gehen einkaufen«.

Eine Gruppe Zehntklässler spielte Basketball.

Eine Gruppe Zehntklässler spielten Basketball.

In einigen Fällen ist beim Verb beides möglich: Singular-Markierung (**Gruppe** wird hier als grammatisches Subjekt im Singular verstanden) oder Plural-Markierung (wegen des inhaltlich pluralischen Subjekts).

5.3 Das Objekt

> Ick liebe dir. (Berlinisch)
>
> Ein schöner Tag noch!
> (Alemannisch für »Einen schönen Tag noch!«)
>
> Wir sahen ein Mann ... (Schüler, Klasse 8)
>
> ... dem fetten Benz
> (Jugendsprachlich für »der fette Benz«)
>
> Da werden Sie geholfen. (Werbespot)

Deutschlehrer reagieren gegenüber mundartlicher Aussprache ihrer Schülerinnen und Schüler eher tolerant. Seltener akzeptieren sie Verletzungen der Kasus, wie im Berlinischen, Alemannischen oder auch im Ruhrpott-Deutsch (»Gib mich die Kirsche!«). Im ersten Satz fordert »lieben« zwei Ergänzungen, die die Frage beantworten, wer wen liebt. Mit »ick« ist der Nominativ-Mitspieler, das Subjekt, realisiert. Statt des Akkusativobjekts »dich« steht aber im Dialekt mit »dir« ein Dativobjekt. Bei dem zitierten Kasuswechsel im Alemannischen wäre, wie die Erweiterung »Ich wünsche noch einen schönen Tag« zeigt, wiederum ein Akkusativobjekt gefordert, der Dialekt gebraucht jedoch den Nominativ.

Da die Hauptlast der Kasus-Kundgabe im Neuhochdeutschen bei den Artikelwörtern liegt, ist eine umgangssprachliche Abschleifung von Endungen wie im dritten Beispiel störend.

Jugendsprache grenzt sich von Erwachsenensprache auf unterschiedlichen Ebenen ab, so auch auf der grammatischen: Die sogenannte Kanak-Sprak nutzt den Dativ statt des Nominativs (»dem Benz«). Schließlich setzt

Werbung sprachliche Normverstöße gezielt als Aufmerksamkeitserreger ein. So auch hier, wo die Dativergänzung (›wem?‹) von »helfen« durch einen Nominativ ersetzt wird (Das Beispiel kann hier nicht weiter analysiert werden).

Die Objekte, deren Charakteristikum es ist, vom Verb gefordert zu werden, lassen sich in vier Arten einteilen: *Akkusativ-*, *Dativ-*, *Genitiv-* und *Präpositionalobjekte*. Die beiden letzten Formen sind deutlich seltener anzutreffen als die beiden ersten. Wie beim Subjekt gibt es bei der Objektfunktion verschiedene sprachliche Füllungen und Variationen in der Bedeutung.

Das *Akkusativobjekt* antwortet auf die Fragen ›wen?‹ oder ›was?‹, je nachdem, ob das Objekt belebt oder unbelebt ist. Am häufigsten kommen als Akkusativobjekte (a) Substantivgruppen vor, nicht selten auch (b) Pronomen; (c) Nebensätze und (d) Infinitivgruppen können die vom Verb aufgerufene Leerstelle ebenfalls füllen. Beispiele:

(a) Die Schüler bearbeiteten alle Aufgaben.
(b) Ich mag dich.
(c) Ich erwarte, dass die Schlamperei ein Ende hat.
(d) Wir erlauben Ihnen nicht, das Gelände zu betreten.

Erinnert sei daran, dass nicht jeder Akkusativ automatisch ein Objekt ist. Akkusative können im Satz auch Prädikative oder Adverbiale sein (s. S. 109, 111). Inhaltlich sind Akkusativobjekte variabel, unter anderem verkörpern sie (a) einen Ort, (b) etwas Geschaffenes oder (c) etwas Betroffenes:

(a) Die Wandergruppe überquerte die Brücke.
(b) Die Baugesellschaft errichtete den Wolkenkratzer in nur zwei Jahren.
(c) Ein Attentäter zerstörte das wertvolle Bild.

Für das *Dativobjekt* (›wem?‹) gelten ähnliche Grundsätze für Form- und Inhaltsvielfalt. Letztere sei durch drei Beispiele verdeutlicht:

Das neue Auto gehört mir.
(Dativobjekt ist Besitzer)

Sanitäter halfen den Verletzten.
(Dativobjekt sind die Begünstigten)

Das Sozialamt hat ihm die Schulden bezahlt.
(Dativobjekt ist Nutznießer)

Im letzten Fall sprechen Grammatiken auch von einem *freien Dativ*, weil er vom Verb nicht gefordert ist: »bezahlen« verlangt obligatorisch lediglich einen Wer- und einen Was-Mitspieler, der Satz wäre auch vollständig, wenn das Dativobjekt fehlte (»Das Sozialamt hat die Schulden bezahlt«).

Der Dativ Plural vom Typ »den Verletzten« wird bei Analysen oft fälschlicherweise für einen Akkusativ gehalten. Die Frageprobe hilft hier weiter (wem wurde geholfen? den Verletzten). Ansonsten gibt das **n**-Suffix im Plural einen Hinweis: »den Männern«, »den Häusern« …

Häufig wird das Aussterben des Genitivs beklagt. Eigentlich ist damit aber das Aussterben des *Genitivobjekts* (wessen?) gemeint, denn Adverbiale wie »eines Tages« oder Attribute wie in »der Tod des Besitzers« sind nach wie vor üblich. Wohl aber klingen Sätze altertümlich wie »Wir erinnerten uns des letzten Geburtstages gerne« oder »Wir nahmen uns des Legasthenikers an«. Umgangssprachlich wird die Substantivgruppe im Genitiv eher durch eine Präpositionalgruppe oder den Dativ ersetzt: »wir erinnerten uns an …« und »… dem (!) Legastheniker …«

Andererseits gibt es Sätze, in denen Genitivobjekte üblich und geläufig sind: »Die Partei enthielt sich der Stimme« (›wessen enthielt sie sich?‹). Hierzu gehören auch Sätze mit den sogenannten Gerichtsverben wie »jdn. eines Verbrechens anklagen« (›wessen wurde jd. angeklagt?‹).

Verwechslungen provozieren besonders auch die *Präpositionalobjekte*. Sie werden wie alle Objekte vom Verb gefordert, verleiten jedoch zum einen wegen der Kasusprägung im Inneren zur falschen Einordnung als Genitiv-, Dativ- oder Akkusativobjekt, zum anderen sind Präpositionalgruppen in vielen Sätzen auch in der Funktion von Adverbialen anzutreffen.

Die erste Falle zeigt sich in dem Satz »Die Sieger freuten sich auf ein dickes Preisgeld«. Das vermeintliche Akkusativobjekt »ein dickes Preisgeld« entpuppt sich deshalb als Präpositionalobjekt, weil der Akkusativ von der Präposition **auf** gefordert ist und nur innerhalb der von ihr dominierten Wortgruppe, nicht jedoch auf Satzebene zum Tragen kommt. Ein zweiter Hinweis auf den Status als Präpositionalobjekt ergibt sich aus dem Bedeutungsverlust von **auf**: Es fehlt die lokale Semantik, die **auf** in Adverbialen hat; **auf** ist hier nur noch grammatisches Bindemittel zwischen dem Verb und seinem Objekt. Erfragbar sind Präpositionalobjekte durch ›worauf?‹, ›woran?‹, ›womit?‹ usw., also durch Fragewörter, die die Präposition selbst enthalten.

Die zweite Falle bei der Identifizierung besteht in der Verwechslung mit Adverbialen. Im folgenden Satz kommt ebenfalls eine **auf**-Gruppe vor, allerdings ohne vom Verb regiert zu sein: »Sie trafen sich auf dem Marktplatz. Hier hat **auf** eine lokale Semantik: Sie trafen sich *auf*, nicht hinter, vor oder neben dem Marktplatz.

Eine weitere Schwierigkeit – neben dem Problem der Abgrenzung gegenüber den Adverbialen (s. Kap. 4.8, S. 82f.) – liegt in der untypischen Befüllung der Stelle des Präpositionalobjekts. Auch wenn, wie nachfolgend durch den ersten und dritten Satz illustriert, gar keine Präposition vorhanden ist, kann dieses Satzglied dennoch vorliegen – obwohl dies unserer Intuition widerspricht. Die Ersatzprobe liefert jedoch den entsprechenden Nachweis, ebenfalls die Frageprobe mit ›worauf?‹: »Die Sieger freuten sich, dass sie geehrt wurden« / »Die Sieger freuten sich auf die Ehrung« / »Die Sieger freuten sich darauf«.

Eine letzte Schwierigkeit, dem Präpositionalobjekt beizukommen, hängt zusammen mit dessen Umfang bzw. möglicher Unübersichtlichkeit. Im folgenden Fall besteht es aus sechs Wörtern: »Viele Dozenten rechnen während des Seminars mit der engagierten Mitarbeit der Studierenden«.

5.4 Das Prädikativ

Der Prediger und Literat Jakob von Vitry schrieb über die Studenten an den großen Universitäten des Mittelalters:

»Dreist ließen sie [die Studenten, HR] sich zu allen möglichen Beschimpfungen und Beleidigungen hinreißen. So behaupteten sie, die Engländer seien Trunkenbolde und triebhaft wie Tiere; die Franzosen seien hochmütig, verweichlicht und aufgeputzt wie Weiber. [...] Die Burgunder galten als dumm und gemein. [...] Die Lombarden hieß man geizig, lasterhaft und feig ...«[26]

Unverkennbar sind diese berichteten Schimpftiraden von vorurteilsbehafteten Gleichsetzungen durchzogen: Die Engländer des Mittelalters werden mit »Trunkenbolden« gleichgesetzt oder es wird ihnen die unschöne Eigenschaft, »triebhaft wie Tiere« zu sein, zugeschrieben. Die Verben der jeweiligen Sätze (»sein«, »gelten«, »heißen«) sind inhaltlich blass, die Hauptaussage des Satzes steckt in den hervorgehobenen Wortgruppen, die man als *Prädikativ* oder *Prädikatsnomen* bezeichnet. Grammatisch gesehen trifft man hier Substantive (»Trunkenbolde«), die zu Substantivgruppen erweitert werden können, Adjektivgruppen (»triebhaft wie Tiere«) und Konjunktionalgruppen (»als dumm und gemein«). Mit dieser Aufzählung sind wesentliche Füllungen dieses Satzglieds benannt. Die folgenden Sätze zeigen Präpositionalgruppen und Adverbgruppen in dieser Funktion:

26 Zit. nach: Frugoni (2003) S. 48 f.

> Sie ist von dort. (Präpositionalgruppe)
> Sie bleibt dort. (Adverb, nicht erweitert)

Dass Prädikative selbstständige Satzglieder sind, zeigt die Umstellprobe: »Als dumm und gemein galten die Burgunder«. Bezogen sind diese Prädikative immer auf ein Subjekt (»die Engländer«, »die Franzosen«, »die Burgunder«, »die Lombarden«) oder auf ein Objekt. Ein Beispiel für Letzteres lautet: »Der Chef hält dich für ungeeignet«. Das Prädikativ besteht aus einer Präpositionalgruppe, die sich auf das Akkusativobjekt »dich« bezieht.

Die drei wichtigsten Verben, die Prädikative fordern, sind **sein, bleiben** und **werden**. Man nennt sie *Kopulaverben*, weil sie die Verbindung herstellen zwischen Subjekt bzw. Objekt und dem Prädikativ und zur Satzaussage nur wenig beisteuern. Kopulaverben tragen wie alle Verben zudem grammatische Merkmale wie Person, Tempus usw. (s. Kap. 4.2, S. 45).

Alternative Bezeichnungen für substantivische und pronominale Subjektsprädikative sind – aus der Kasusperspektive gesehen – *Gleichsetzungsnominativ* oder *Prädikatsnominativ*, entsprechend für Objektsprädikative *Gleichsetzungsakkusativ* oder *Prädikatsakkusativ*.

Zusammen mit der eingangs aufgeführten Alternativbezeichnung *Prädikatsnomen* dürften diese konkurrierenden Ausdrücke mit dafür verantwortlich sein, dass von allen Satzgliedern das Prädikativ am wenigsten im Bewusstsein von Lernenden verankert ist, obgleich Formulierungen wie die nachfolgenden die Lebendigkeit dieses Satzglieds im Leben illustrieren:

Der Papierkorb ist des Dichters bester Freund. (H. M. Enzensberger)

Der Mörder ist immer der Gärtner.

Wer das liest, ist doof.

5.5 Das Adverbial

In der Schule wird dieses Satzglied häufig *Umstandsbestimmung* genannt. Mit der inhaltlichen Etikettierung werden allerdings wesentliche Merkmale des Satzglieds ausgeblendet, etwa die Merkmale, im Normalfall vom Verb nicht gefordert und als Angabe weglassbar zu sein.

Die Reisegruppe besichtigte am frühen Morgen den Eiffelturm.

Die Reisegruppe besichtigte den Eiffelturm.

Wenn die zeitlichen Umstände nicht angegeben werden, kann das für Leser/Hörer möglicherweise einen Verlust bedeuten, der Satz selbst ist jedoch grammatisch korrekt. Denn das Verb »besichtigen« fordert lediglich eine Person, die dies tut, sowie etwas, das besichtigt wird. Dass mit »am frühen Morgen« ein selbstständiges Satzglied vorliegt, erweist sich bei der Umstellprobe: »Am frühen Morgen besichtigte die Reisegruppe den Eiffelturm«.

(a) Die Reisegruppe besichtigte am frühen Morgen den Eiffelturm.

(b) Die Reisegruppe besichtigte letzten Monat den Eiffelturm.

(c) Die Reisegruppe besichtigte eines Tages den Eiffelturm.

(d) Die Reisegruppe besichtigte morgens den Eiffelturm.

(e) Die Reisegruppe besichtigte hektisch den Eiffelturm.

(f) Die Reisegruppe besichtigte den Eiffelturm, nachdem sie sich beim Frühstück gestärkt hatte.

(g) Die Reisegruppe besichtigte ohne zu zögern den Eiffelturm.

(h) Die Reisegruppe besichtigte den Eiffelturm wie eine Elefantenherde.

Die Variationen verdeutlichen, dass es keine ›Eins-zu eins‹-Beziehung zwischen Satzgliedform und -funktion gibt. Im Gegenteil: Adverbiale können (a) aus Präpositionalgruppen, (b) Substantivgruppen im Akkusativ und (c) solchen im Genitiv, aus (d) einem Adverb, (e) einem Adjektiv, (f) einem Nebensatz mit Konjunktion oder (g) aus einer Infinitivgruppe bestehen. Auch (h) eine Konjunktionalgruppe ist möglich. Mit dieser Auflistung sollte das Problem der so weit verbreiteten Verwechslung von Adverb und Adverbial erledigt sein. Alle oben aufgeführten Ausdrücke sind Adverbiale, doch nur (d) enthält ein Adverb als Füllung.

Die Reisegruppe besichtigte morgens den Eiffelturm.

Die Reisegruppe besichtigte gern den Eiffelturm.

Die Reisegruppe besichtigte dort den Eiffelturm.

Die Reisegruppe besichtigte deshalb den Eiffelturm.

Adverbiale sorgen für Informationsanreicherung im Satz, indem sie die Basisaussage einbetten (situieren). Die oben aufgeführten Sätze demonstrieren die wichtigsten semantischen Dimensionen von Adverbialen: temporal, modal (Art und Weise), lokal und kausal. Wenn die Reisegruppe den Eiffelturm *zum Vergnügen* besucht, wird deutlich, dass ein Zweck verfolgt wird, Kausalität (Ursache-Wirkungs-Zusammenhang) als Oberbegriff also durch die feinere Bestimmung »final« ergänzt werden kann. Um die semantischen Dimensionen herauszufinden, sind die Fragen **wie? wann? wie oft?** usw. geeignet.

Er wohnt schon seit einigen Tagen in der alten Villa.

*Er wohnt schon seit einigen Tagen.

Die **wo**-Ergänzung des Satzes mit »wohnen« ist zwingend erforderlich, insofern liegt hier eine Ausnahme von der oben genannten Regel der Weglassbarkeit der Adverbiale vor.

5.6 Weitere Satzteile

Wenn in einem Satz alle Satzglieder bestimmt sind, kann es in einigen Fällen sein, dass sperrige Reste übrig bleiben. Diese Problemfälle sollen hier nur angedeutet werden. Manche Grammatiken führen solche Restposten gar nicht auf, andere streiten darüber, welche sprachlichen Einheiten zu dieser Gruppe gehören. Die folgenden Beispiele erheben keinen Anspruch auf Vollständigkeit, sie stehen stellvertretend für bestimmte Typen von Nicht-Satzgliedern:

> Dagmar legte sich auf die Couch, denn sie war todmüde.

Die Struktur Satz – Konjunktion (**denn**) – Satz zeigt, dass die Konjunktion, das »Verbindungsstück«, außerhalb der Sätze steht. Das gilt nicht für satzgliedverbindende Konjunktionen.

In der ironischen Äußerung

> Du bist mir aber ein schöner Freund.

wird der Dativ »mir« vom Verb nicht gefordert, ist also streng genommen kein Dativobjekt und auch kein Adverbial. Das weglassbare Pronomen zeigt lediglich die innere Anteilnahme des Sprechers an und heißt daher *Dativus ethicus*. Er gehört zu den freien Dativen (s. Kap. 5.3, S. 105).

Besonders am Anfang von Sätzen finden sich sogenannte *Absolutglieder*, die aus dem Satz ausgelagert sind:

> Das Lenkrad krampfhaft umfassend, hielt ein Rentner seinen Wagen stur auf der linken Spur.
>
> Ein Rentner hielt seinen Wagen stur auf der linken Spur, das Lenkrad krampfhaft umfassend.

Die Partizipgruppen sind mit dem Rest des Satzes nur locker verbunden. Im ersten Fall kann man von *Voranstellung* sprechen, im zweiten von *Nachstellung*, allgemein von Zusätzen. Die Kommasetzung zeigt, dass die Teile nur locker an den Satz angebunden sind. Solche ausgelagerten Satzteile können auch aus Substantivgruppen im Akkusativ oder aus einer Adjektivgruppe bestehen. Einen Sonderfall bildet der absolute Nominativ bei der Anrede: »Herr Müller, könnten Sie bitte …?«

Konsequenzen für die Kommatierung haben auch Ankündigungswörter wie in

> Sie dachten daran, etwas früher als geplant zu kommen.
>
> Die Kinder lachten so, dass ihnen die Tränen in die Augen traten.

Daran fungiert als Platzhalter für das Folgende, eine Infinitivgruppe. Wenn die Infinitivgruppe auf diese Weise angekündigt wird, muss sie entgegen der landläufigen Meinung, dass Infinitivgruppen nicht mehr obligatorisch zu markieren seien, kommatiert werden (s. § 77 der amtlichen Regeln). Im Falle des zweiten Satzes vertritt das kleine Wort **so**, ein Adverb, im Hauptsatz den folgenden **dass**-Satz. Dieser **dass**-Satz hat die Funktion eines konsekutiven Adverbials im Satz, er gibt eine Folge an. Der Fachausdruck für Platzhalter wie **so**, **das**, **daran** oder **darauf** lautet *Korrelat*. Oft können solche Korrelate wegfallen, ohne dass der Satz ungrammatisch würde (»Die Kinder lachten, dass ihnen die Tränen in die Augen traten«).

Einschübe, die aus der Satzkonstruktion herausfallen, finden sich in der Literatur, aber auch beim unkontrollierten Gedankenfluss in privaten E-Mails. Der Fachbegriff für diese Figur lautet *Parenthese*. Die Parenthese kann wie im folgenden Fall dokumentieren, dass die Aussage nicht im Voraus genau geplant wurde und der spontane Einfall als Fremdkörper im angefangenen Satz auftaucht. Danach wieder ›die Kurve zu kriegen‹ ist nicht immer einfach.

> ich hab endlich ne neue bude gefunden – die anzeige in der abendpost war megaerfolgreich – und bin grad dabei, sie einzurichten

Der Fremdkörper wird üblicherweise durch paarige Gedankenstriche, in der E-Mail-Kommunikation durch Klammern, seltener durch Kommas markiert (vgl. §§ 84 und 87 der amtlichen Regelung). Gelingt es nicht, den Satz zu Ende zu führen, spricht man von einem *Satzbruch* (s. Kap. 7.4, S. 136 f.).

Die Einschübe müssen nicht aus einem ganzen Satz bestehen, wie die Interjektion **ach** in Fausts Monolog in Goethes *Faust* zeigt:

»Habe nun, ach! Philosophie,
Juristerei und Medizin,
Und leider auch Theologie
Durchaus studiert, mit heißem Bemühn.«

6 Satzgliedteile: Attribute

(a) Ein Wein aus Frankreich muss nicht teuer sein.
(b) Ein Wein, der aus Frankreich kommt, muss nicht teuer sein.
(c) Ein französischer Wein muss nicht teuer sein.
(d) Ein Wein französischer Herkunft muss nicht teuer sein.
(e) Ein aus Frankreich kommender Wein muss nicht teuer sein.
(f) Ein Wein wie der Bordeaux muss nicht teuer sein.
(g) Ein französischer Wein, Alltagsgetränk im Herkunftsland, muss nicht teuer sein.

Die ersten fünf der oben aufgeführten Sätze enthalten in etwa dieselbe Information. Somit zeigen sie die grammatischen Variationen auf, wie um ein Substantiv herum Information gegeben und zugeordnet werden kann. Der kürzeste, ökonomischste Satz ist dabei der Normalfall: Ein Adjektiv steht als Beifügung vor dem Substantiv. Solche Beifügungen nennt man *Attribute*. Dieser Ausdruck wird ebenfalls in der Kunstgeschichte verwendet, wenn es darum geht, Kirchenheilige an den mit ihnen verbundenen Gegenständen oder »Zutaten« zu erkennen: Stephanus an den Steinen, Kilian am Schwert, Sebastian an den Pfeilen usw. Auch die Psychologen sprechen von Attribuierung, sie meinen damit die Zuschreibung von Ursachen für etwas durch Menschen.

Der Reihe nach werden folgende grammatische Formen von Attributen realisiert: (a) Präpositionalgruppe (**aus** ...), (b) Relativsatz, (c) Adjektiv, (d) Genitivattribut (»französischer Herkunft«), (e) Partizipgruppe, die ihrerseits durch eine Präpositionalgruppe erweitert ist, (f) eine Konjunktionalgruppe mit **wie** und schließlich (g) eine lockere Apposition zwischen zwei Kommas (s. u.). Selten sind Fälle wie »der Wein dort«, in denen ein Adverb als Attribut fungiert, oder attributive **dass**- und **ob**-Sätze: »die Frage, ob ...«, »die Tatsache, dass ...« Alle Attribute sind weglassbar, ohne dass der Satz jedoch ungrammatisch wird. Natürlich geht im Falle des Weglassens Information verloren.

Wie man sieht, gibt es bestimmte Abfolgeregeln: Adjektivattribute stehen links vom Kern, abgesehen von einigen wenigen Ausnahmen (»Spaß pur«, »Kaviar satt«), bei denen die Präpositionalgruppen rechts stehen.

Gemeinsam ist allen Beifügungen, dass sie unselbstständig sind, bei Umstellproben also mit dem Kern der Wortgruppe ›mitwandern‹. Eine Ausnahme bilden jedoch Relativsätze, die auch in Distanzstellung abgetrennt vom Kern stehen können: »Wir haben den Wein, der uns am besten geschmeckt hat, gekauft«, auch »Wir haben den Wein gekauft, der uns am besten geschmeckt hat«, oder in Ausdrucksstellung »Den Wein haben wir gekauft, der uns am besten geschmeckt hat«.

Liegen verschiedene Beifügungen vor, ordnen Abfolgeregeln die Reihenfolge. So stehen Genitive im Gegensatz zu Präpositionalgruppen dichter am Kern oder längere Attribute weit rechts vom Kern. Man spricht von einem »Gesetz der wachsenden Glieder«. Es heißt also »der Weg des Kaisers nach Rom« und nicht »*der Weg nach Rom des Kaisers« oder »*der Weg, der zurückzulegen war, des Kaisers«, sondern »der Weg des Kaisers, der zurückzulegen war« usw.

Eine weitere Regel besagt, dass lockere Appositionen hinter dem Kern stehen, außerdem aus einem Substantiv oder einer Substantivgruppe bestehen und im selben Kasus wie der Kern stehen müssen: »Sie trafen Klaus, einen alten Schulfreund«. »Klaus« und »einen alten Schulfreund« stehen im Akkusativ, im Beispiel oben stehen »ein französischer Wein« und »Alltagsgetränk im Herkunftsland« jeweils im Nominativ. Die paarige Kommatierung wird ersichtlich, beim Sprechen werden kleine Pausen gemacht.

Wenn es lockere Appositionen gibt, muss es auch enge geben. Dazu gehören Beispiele wie diese: »eine Tasse Tee« (Tee ist das Gemessene), »Minister Müller« (Müller gehört zur »Gattung« Minister) oder »Umleitung Nord« (»Nord« legt »Umleitung« fest). Enge Appositionen werden nach diesen Leistungen klassifiziert, man setzt sie stimmlich nicht ab.

Wenn Kerne zu stark durch Attribute aufgeschwemmt werden, kommt es nicht nur für Anfänger zu Leseschwierigkeiten: »eine schon längere Zeit nicht mehr an ihrem Platz befindliche Statue aus verwittertem Marmor …«

Die Frage, was alles als Attribut bezeichnet werden soll, wird unterschiedlich beantwortet. Üblicherweise werden Beifügungen zu allen nichtverbalen Ausdrücken zu den Attributen gerechnet. Ein weiteres Problem, das nur angedeutet werden kann, besteht in der Schwierigkeit, ob Artikelwörter wie **eine** schon zu den Attributen gerechnet werden oder noch nicht. Die überwiegende Mehrheit fasst sie als Eröffnung der nominalen Klammer auf.

Thomas Mann und andere Schriftsteller nutzten alle Attributvarianten, um das Personal ihrer Romane in möglichst vielfältigen Farben zu präsentieren. Man lese etwa die folgende Passage aus Manns Roman *Der Zauberberg*:

»Hermine Kleefeld gehörte dazu, sowie Herr Albin, der eine große geblümte Schachtel mit Schokolade herumgehen und alle daraus essen ließ, während er selbst nicht aß, sondern mit väterlicher Miene Zigaretten mit goldenem Mundstück rauchte, ferner der wulstlippige Jüngling vom ›Verein Halbe Lunge‹, Fräulein Levi, dünn und elfenbeinfarben, wie sie war, ein aschblonder junger Mann, der auf den Namen Rasmussen hörte und seine Hände nach Art von Flossen aus schlaffen Gelenken in Brusthöhe hängen ließ, Frau Salomon aus Amsterdam, eine rot gekleidete Frau von reicher Körperlichkeit, die sich ebenfalls der Jugend beigesellt hatte und in deren bräunlichen Nacken jener lange Mensch mit gelichtetem Haar, der aus dem ›Sommernachtstraum‹ spielen konnte und nun mit den Armen seine spitzen Knie umschlungen hinter ihr saß, unablässig seine trüben Blicke gerichtet hielt; [...].«[27]

27 Thomas Mann, *Der Zauberberg*, Frankfurt a. M.: S. Fischer, [7]1999, S. 156. –

7 Der Satz

7.1 Die Satzklammer

Die grammatische Beschreibung von Sätzen entsprechend der linearen Abfolge von Wörtern und Wortgruppen ist gegenüber einer hierarchischen Sichtweise, die von der Verbvalenz (d. h. der Fähigkeit des Verbs, weitere Elemente des Satzes an sich zu binden; s. S. 44) ausgeht, weniger populär. Dabei ist es nicht unwichtig, auf welche Weise in der alltäglichen Kommunikation Wörter im Satz aneinandergereiht werden. Die betreffende grammatische Teildisziplin wird als »Felderlehre« bezeichnet, weil bestimmte Stellen im deutschen Satz regelhaft bestückt werden. Vor dem finiten (also veränderbaren) Verb, das die verbale Klammer eröffnet, befindet sich das *Vorfeld*. Das *Mittelfeld* wird vom finiten Verb (auch: linke Klammer) und vom sogenannten *Verbalkomplex* (auch: rechte Klammer) eingeschlossen. Der Verbalkomplex heißt so, weil dort nur infinite Verbformen (Infinitive, Partizipien) oder Verbpartikeln (»schreibt … ab«, »liest … vor«) stehen. Nach dem Verbalkomplex kann ein *Nachfeld* stehen (s. S. 122).

Im ersten Satz ist »hat« das finite Verb, im Vorfeld steht das Akkusativobjekt, im Mittelfeld das Subjekt, an das sich zwei Adverbiale (»gerne«, modal; »vor dem Frühstück«, temporal) anschließen. Die rechte Klammer wird von einem Partizip II, »gelesen«, besetzt. Im vierten Satz ist die Besetzung des Nachfeldes durch einen Nebensatz angedeutet.

Vorfeld	FINIT	Mittelfeld	Verbalkomplex	Nachfeld
Die Zeitung	hat	Großvater gerne vor dem Frühstück	gelesen.	
Großvater	hat	die Zeitung gerne vor dem Frühstück	gelesen.	
Gerne	hat	Großvater die Zeitung vor dem Frühstück	gelesen.	
Vor dem Frühstück	hat	Großvater gerne die Zeitung	gelesen,	wenn …
*Gerne	hat	die Zeitung Großvater vor dem Frühstück	gelesen.	

Die unterschiedliche Vorfeldbesetzung der ersten Beispiele zeigt, dass es nicht gleichgültig ist, welcher Ausdruck vorne steht. Insofern sind schulische Ratschläge des Typs »Verwende abwechslungsreiche Satzanfänge. Oft musst du die Wörter nur vertauschen!« nicht immer sinnvoll. Mit der Variation werden auch feine Unterschiede in der inhaltlichen Betonung des Mitgeteilten deutlich. Üblich ist im Deutschen, dass das Subjekt, dessen Bekanntheit vorausgesetzt werden kann, im Vorfeld steht. Dies ist beim zweiten Satz der Fall. Ansonsten sind die anderen Satzglieder mehr oder weniger hervorgehoben, auch in Abhängigkeit von der stimmlichen Betonung. Im ersten Satz könnte die Zeitung im Mittelpunkt stehen, im Gegensatz etwa zu Büchern oder Post: »Die Zeitung hat Großvater gerne vor dem Frühstück gelesen (nicht die Post)«. Eine weitere Möglichkeit zur Hervorhebung besteht in der Ausrahmung nach rechts: »Großvater hat vor dem Frühstück gerne gelesen, und zwar die Zeitung«. Dieser kommatierte Nachtrag betont das Gelesene sicher am stärksten. Man spricht daher auch von *Ausdrucksstellung*.

Ausgerahmt müssen alle umfangreichen Satzglieder werden, vor allem Nebensätze und größere Präpositionalgruppen: »Wir haben gestern gelesen, dass …« / »Wir haben gestern Bücher gekauft ohne Rücksicht auf unsere finanzielle Lage«.

Der mit einem Sternchen markierte letzte der oben angeführten Sätze verdeutlicht, dass das Mittelfeld nicht beliebig besetzt werden darf. So gibt es unter anderem Regeln, welche Adverbiale wo stehen dürfen. Außerdem ist eine Belebtheitshierarchie zu beobachten: Belebtes (»Großvater«) steht vor Unbelebtem (»Zeitung«).

Wenn das Mittelfeld zu umfangreich bestückt ist, kann es sein, dass der Beginn der Satzklammer bereits fast vergessen worden ist, wenn man zum Satzende kommt. Das hat schon Mark Twain im 19. Jahrhundert an der deutschen Sprache kritisiert. Umgekehrt entsteht durch ein gut gefülltes Mittelfeld eine Spannung, die sich erst mit der rechten Satzklammer löst. Von Peter Klotz stammt dieses überzeugende Beispiel:[28]

Sie hat gestern auf der Bank eine große Summe Geldes raffiniert	
	angelegt
	umverteilt
	geklaut
	erpresst
	versteckt
	fallen lassen, so dass ein junger Mann sich ihr endlich nähern konnte

Manche Sätze weisen Besonderheiten auf, wenn man sie nach dem Feldermodell gliedert. So haben Sätze mit nur *einer* Verbform natürlich keine rechte Klammer, solche mit Verb-Erststellung wie »Hört endlich damit auf!« kein Vorfeld. Die Fünf-Felder-Gliederung kann auch auf Nebensätze übertragen werden, dann wird die Finit-Stelle durch Einleitewörter besetzt und teilweise auch umbenannt.

Interessant ist die Abfolge von Verbformen im Verbalkomplex, wenn mehrere Verbformen vorhanden sind. Die Verben stehen hier geordnet nach ihrer Abhängigkeit von rechts nach links. Im folgenden Beispielsatz dominiert das

28 Klotz (1999) S. 191.

Modalverb »dürfen« das modalisierende Verb »lassen«, und »lassen« dominiert wiederum »entscheiden«: »Wir haben ihn das nicht entscheiden lassen dürfen«. In der Mundart kann diese Abfolge verändert werden, so in Teilen des Schwäbischen: »I han's welle mache« – »Ich habe es machen wollen« oder »… wobei i feschdschdelle han müsse, dass …« – »wobei ich habe feststellen müssen, dass …« Beide Belege weisen im Übrigen die Verwendung des Ersatzinfinitivs »wollen« und »müssen« für die Partizipien »gewollt« oder »gemusst« im Perfekt auf.

Umgangssprachlich und in der Sprache des Journalismus kommt es vor, dass sprachliche Einheiten noch vor dem Vorfeld stehen. Man spricht in solch einem Falle von einem *Vor-Vorfeld*:

Der Minister, der hat …
(das »der« hinter dem Komma besetzt als Demonstrativpronomen das Vorfeld vor dem finiten Verb, »der Minister« steht im Vor-Vorfeld)

Um es zuzuspitzen / Zugespitzt: Wir können nicht von allen erwarten, dass …
(Infinitivgruppe bzw. Partizip besetzt das Vor-Vorfeld)

Während im ersten Fall »der Minister« betont sein kann oder nur eine stockende Satzplanung vorliegt, akzentuiert der Journalist im zweiten Fall die Zuspitzung der dann folgenden eigentlichen Aussage.

Die Wortabfolge, obgleich sie im schulischen Grammatikunterricht meist nicht weiter beachtet wird, ist also für die Kommunikation sehr bedeutsam.

7.2 Einfache und komplexe Sätze

Schon auf den ersten Blick lassen sich lange von kurzen Sätzen unterscheiden. Über diese Oberflächenbeobachtung hinaus können Sätze mit nur einer finiten Verbform von solchen mit mehreren finiten Verbformen abgegrenzt werden.

(a) Sie kochten Suppe.

(b) Sie kochten und backten bis in die Nacht.

(c) Die einen kochten Suppe, die anderen backten Brot.

(d) Die einen kochten Suppe, während die anderen Brot backten.

(e) Die einen kochten Suppe, die anderen backten Brot, wieder andere bereiteten das Gemüse zu, und eine letzte Gruppe rührte schließlich das Dessert zusammen.

Einfache Sätze enthalten in der Regel ein Subjekt und eine oder mehrere finite Verbformen, im letzteren Fall spricht man auch von einem *zusammengezogenen Satz*, wie oben im Beispiel (b). Besteht ein Ganzsatz aus zwei Hauptsätzen, wird das komplexe Gebilde als *Satzreihe* oder *Satzverbindung* bezeichnet – siehe Beispiel (c). Dagegen deutet schon der Ausdruck *Satzgefüge* (auch: *Satzfügung*) auf eine engere Verzahnung der Teilsätze hin: Satzgefüge enthalten mindestens einen *abhängigen Satz* (»Nebensatz«). Hauptsätze sind an der Verb-Zweitstellung zu erkennen, wenn es sich um Aussagesätze handelt, bei (e) beispielsweise »kochten«, »backten«, »bereiteten« und »rührte«.

Nebensätze weisen oft eine Verb-Letztstellung auf, bei (d) beispielsweise »backten«.

Enthält wie im letzten Fall der Ganzsatz drei und mehr Teilsätze, so wird von einer *Satzperiode* gesprochen. Solch eine Satzperiode bringt den Vorteil mit sich, ›in einem Atemzug‹ etwas über eine Gruppe von Handelnden aussagen zu können, z. B. die Atemlosigkeit bei einer Verfolgungsjagd wirkungsvoll zu illustrieren oder eine Raffung in der Wiedergabe direkter Rede zu ermöglichen. Obwohl solche Riesensätze schwerer verständlich sind als kurze Sätze, haben sich Autoren wie Heinrich von Kleist, Thomas Mann und andere gerne ihrer bedient – durchaus mit Einverständnis des Publikums. So findet sich etwa im letzten Drittel von Kleists Novelle *Michael Kohlhaas* ein Satz von 144 Wörtern Länge, der über 18 Zeilen geht!

Im Unterricht werden im Satzbereich gelegentlich ungenaue oder unrichtige Orientierungen gegeben. Ein neueres Sekundarstufenwerk beispielsweise lässt Schüler Sätze in die folgende Tabelle sortieren:

Satzreihe	Relativsatz	Satzgefüge

Dabei wird verkannt, dass Satzgefüge durchaus Relativsätze als einen Typus von Nebensätzen enthalten können (s. Kap. 7.3, S. 130).

Zu defekten und unvollständigen Sätzen s. Kap. 7.4 (S. 136–139), zur Abfolge von Wörtern in Sätzen s. Kap. 7.1 (S. 121–125).

7.3 Nebensätze

Oft interessieren Nebensätze nur unter dem Aspekt, dass sie durch Kommas vom Hauptsatz getrennt werden, oder unter der Fragestellung, ob sie als Kausalsätze usw. Inhalte zu Aussagen des Hauptsatzes beisteuern. Selten werden diese Teilsätze genauer systematisiert. Die folgenden Ergebnisse einer Befragung unter Deutschstudenten des ersten Semesters zeigen, welche Verwirrung in den Köpfen herrscht. Die Frage lautete: »Wodurch sind Nebensätze charakterisiert?«[29] Antworten waren unter anderem:

- Sie werden durch Komma vom Hauptsatz abgetrennt. 25 %
- Sie können allein nicht stehen / ergeben allein keinen Sinn. 20 %
- Ein Satzglied fehlt, insbesondere das Subjekt. 13 %
- Es gibt Signalwörter (Konjunktion, Eingangswort, Subjunktion, Bindewort, Einleitewort, Relativpronomen). 9 %
- Das Verb (Prädikat) steht am Ende des Nebensatzes. 7 %
- Sie sind dem Hauptsatz untergeordnet. 6 %

Daneben finden sich einzelne Nennungen:

- Die Wortstellung ist anders.
- Das Substantiv fehlt.
- Man beobachtet eine Zweitstellung der Verbform.
- Sie bilden eine Ergänzung zum Hauptsatz.
- Es besteht ein Bezug zu Satzbausteinen des Hauptsatzes.
- Nebensätze sind satzgliedwertig.
- Das Verb steht auch am Anfang des Nebensatzes.
- Es gibt einen Bezug zum Hauptsatz.

29 Vgl. Risel (1999) S. 56 f.

- Das finite Verb steht nicht im Nebensatz, sondern im Hauptsatz.
- Nebensätze sind Einschübe.
- Nebensätze haben nachgestellte Bedeutung; ihr Inhalt ist dem Hauptsatz untergeordnet.
- Nebensätze sind auch erweiterte Infinitive.
- Nebensätze stehen neben dem Infinitiv.
- Nebensätze stehen nach dem Komma.

Es ergibt sich also ein buntes Sammelsurium von Richtigem, Falschem und von Halbwahrheiten, vor allem aber werden Merkmale unterschiedlichster Gesichtspunkte miteinander vermengt. Sinnvoll ist hier wie in anderen Fällen eine Bestimmung nach der Form, nach der Funktion im Satz und nach der Bedeutung.

Eine allgemein gültige Form von Nebensätzen gibt es nicht. Typischerweise ist jedoch ein Einleitewort vorhanden, und die Personalform des Verbs steht an letzter Stelle. Insofern treffen die oben angeführten Aussagen zu den Signalwörtern und zur Verbstellung zu. Unsinn ist es dagegen, zu behaupten, Nebensätze hätten keine finite Verbform oder es fehlten ihnen bestimmte Satzglieder. Als Beleg seien zwei Beispiele angeführt; seltenere Fälle werden weiter unten besprochen.

> Als es regnete, erschien ein Regenbogen.
>
> Die Vermutung, auf die der Reporter anspielte, erwies sich als falsch.

Mit »als« und »die« liegen Einleitewörter vor, »regnete« und »anspielte« stehen am Ende des Nebensatzes. Im ersten Nebensatz sind Subjekt (»es«) und Prädikat (»regnete«) realisiert, der zweite ist ebenfalls nicht defekt: »der Reporter« (Subjekt), »spielte an« (Prädikat), »auf die« (Präpositionalobjekt: anspielen worauf?). Auch wird an den Beispielen deutlich, dass die Kommatierung zwingend ist. Allerdings repräsentiert das zweite Beispiel eine Komma-Falle insofern, als das Relativpronomen nicht sogleich als Einleitewort erkennbar, sondern ›maskiert‹ ist, denn es ist Teil der Präpositionalgruppe »auf die«. Entsprechend häufig wird an solchen Stellen das Komma nicht gesetzt. Zu den Relativsätzen rechnet man auch solche, die mit Relativadverbien angeschlossen werden: »Sie landeten in einer Ortschaft, wo nichts los war«.

Neben den konjunktionalen Nebensätzen und solchen, die durch Relativpronomen eingeleitet werden (auch: Pronominalsätze, gängiger allerdings: Relativsätze), gibt es uneingeleitete Nebensätze, die als atypische Konstruktionen ebenfalls Kommafehler provozieren:

War Tobias unkonzentriert, konnte er keine einzige Aufgabe lösen.

Die Lehrerin meinte, Tobias sei zurzeit wieder sehr unruhig.

Der erste Nebensatz hat eine Verb-Erststellung und kann in einen **wenn**-Satz überführt werden: »Wenn Tobias unkonzentriert war …« Damit passt er wieder ins Schema: Das Einleitewort steht am Anfang, das finite Verb steht am Ende. Steht der Nebensatz am Anfang des Satzgefüges, kann die traditionelle und gleichermaßen zu simple Hauptsatzprobe, die prüft, ob der Hauptsatz alleine stehen kann, nicht gemacht werden. Dies liegt einfach daran, dass der Nebensatz die erste Stelle vor dem finiten Verb besetzt, was durch die Ersatzprobe (»Dann ...«) nachgewiesen werden kann.

Den zweiten Nebensatz kennzeichnet die Verb-Zweitstellung und der Konjunktiv I. Die Hauptaussage besteht darin, dass die Lehrerin etwas meinte. Der Nebensatz enthält das Gemeinte. Die indirekte Rede fungiert als Akkusativobjekt. Auch hier kann nach Weglassen des Nebensatzes der Hauptsatz nicht allein stehen, denn das Verb »meinen« fordert einen Akkusativ als Ergänzung. Ähnlich ist es bei direkter Rede: »Sina fragte: ›Wann ist das Spiel aus?‹« (»fragen« mit Akkusativ-Ergänzung).

Als Ausnahme findet sich eine Verb-Zweitstellung bei der Konjunktion **als** in Vergleichs-Nebensätzen: »Es regnete, als öffneten sich alle Schleusen im Himmel«.

(a) Um die Geschwindigkeit nicht allzu deutlich zu übertreten(,) nahm der Testfahrer den Fuß vom Gas.

(b) Von seinen Mitarbeitern nicht informiert(,) hatte der Chef schlechte Karten bei der Verhandlung.

(c) Der Dauernörgelei müde(,) kaufte die Mutter an der Kasse zwei Lutscher.

Weitere Sonderformen von Nebensätzen bilden satzwertige (a) *Infinitiv-* (»zu übertreten«), (b) *Partizip-* (»informiert«) und (c) *Adjektivgruppen* (»müde«). Die Neuregelung der Kommasetzung verwischte durch Liberalisierung hier die Zuordnung zu Sätzen: Deshalb versuchen aktuelle Diskussionen die Kommatierung wieder verbindlich zu machen.

Die einzelnen Stimmen bei der Studentenbefragung (erweiterte Infinitive, Verb-Zweitstellung) hatten also nur dann recht, wenn man die Häufigkeiten des Auftretens betrachtet. Ebenso ist der Hinweis zu bewerten, dass Nebensätze »Einschübe« seien. Dies ist eher selten der Fall, üblicherweise stehen diese Einschübe vor oder nach dem Hauptsatz, jedenfalls nicht immer »nach dem Komma« (s. S. 129).

Richtig ist auch, dass Nebensätze dem Hauptsatz grammatisch untergeordnet sind. Daher sprechen einige Grammatiken von Hauptsätzen auch als *Trägersätzen*. Die genaue Funktion von Nebensätzen für den Ganzsatz wurde in einigen Beispielen schon deutlich: Der als-Satz oben war ein Adverbial, der Pronominal- bzw. Relativsatz, eingeleitet durch »auf die«, bildete ein Attribut zu »Vermutung«.

Adverbiale bilden in den letzten drei Sätzen auch die Infinitivgruppe mit **um**, die Partizipgruppe um »informiert« und die Adjektivgruppe um »müde«. Alle drei Satzäquivalente sind kausal interpretierbar.

Wie bei den Satzgliedern zu sehen war, können auch Subjekte, Objekte und Prädikative Nebensatzform haben:

Wer anderen eine Grube gräbt, fällt selbst hinein.
(Form: Pronominalsatz; Funktion: Subjekt)

Dass die Koalition auseinanderbrechen könnte, war nicht zu übersehen.
(Form: Konjunktionalsatz; Funktion: Subjekt)

Die Lehrerin meinte, dass Tobias zurzeit wieder sehr unruhig sei.
(Form: Konjunktionalsatz; Funktion: Akkusativobjekt)

Du bleibst, was du immer warst.
(Form: Pronominalsatz; Funktion: Subjektsprädikativ)

Oft bildet der Inhalt von Nebensätzen den interessantesten Aspekt, vor allem bei der Erschließung oder Produktion von Texten. Diese Teilsätze geben bestimmte Inhalte zur Hauptaussage im Hauptsatz dazu, insofern haben die einzelnen Stimmen aus der obigen Studentenbefragung recht. Schreiber müssen lernen, Zusammenhänge zwischen Sachverhalten auch zu benennen. Dies können sie – nicht nur, aber oft – durch Nebensätze tun. Man vergleiche:

Die Bahn schreckt mögliche Kunden ab, sie erhöht die Fahrpreise übermäßig.

Die Bahn schreckt mögliche Kunden ab, *wenn* sie die Fahrpreise übermäßig erhöht.

Die Bahn schreckt mögliche Kunden ab, *weil* sie die Fahrpreise übermäßig erhöht.

Der inhaltliche Zusammenhang zwischen Kundenabschreckung und Fahrpreiserhöhung bleibt bei der Satzverbindung ohne Konjunktion offen, im **wenn**-Nebensatz wird die Preiserhöhung als Bedingung gesehen (konditional), im **weil**-Satz als Begründung (kausal). Die Verwendung von Nebensätzen ist also erheblich mehr als die Beachtung der Kommaregeln.

Die weiteren inhaltlichen Dimensionen der Konjunktionalsätze wurden schon bei den Konjunktionen aufgeführt (s. Kap. 4.9, S. 90). Es sei lediglich nochmals die konzessive (einräumende) Bedeutung herausgegriffen, weil sie vielen Sprachbenutzern Schwierigkeiten bereitet. Aussagen wie die, dass im konzessiven Nebensatz ein »nichtzureichender Gegengrund« genannt werde, tragen ohne Erläuterung nicht unbedingt zur Klärung bei. In »Obwohl/obgleich/obschon die Koalition über die Mehrheit der Stimmen verfügte, verlor sie die Abstimmung« steht im **obwohl**-Satz ein Sachverhalt, der die Hauptsatzaussage (Abstimmung verlieren) nicht ›aufhalten‹ kann. Der Nebensatz liefert einen Gegengrund zur Hauptsatzaussage, dieser Gegensatz (hier: über die Stimmenmehrheit zu verfügen) ist jedoch zu schwach, um den Hauptsatzsachverhalt außer Kraft zu setzen. Mit **obgleich** und **obschon** stehen eher schriftsprachliche Varianten zur Verfügung, umgangssprachlich wird manchmal auf **trotzdem** zurückgegriffen (»Trotzdem die Koalition …«), das im Übrigen auch als konzessives Adverb in Gebrauch ist.

Eine zweite große Gruppe hinsichtlich der Bedeutung bilden die *Inhaltssätze*. Sie stehen besonders nach Verben des Sagens, Denkens, Fühlens und enthalten das, was gesagt, gedacht, gefühlt wird:

Einige Reporter fragten die Abgeordneten, ob sie anderer Meinung seien.

Einige Reporter fragten die Abgeordneten: »Sind Sie anderer Meinung?«

Wir dachten, dass ein Unfall die Ampeln hatte ausfallen lassen.

Neben **ob**- oder **dass**-Anschlüssen können Inhaltssätze die Form von Infinitivgruppen oder von direkter oder indirekter Rede haben.

Die dritte und letzte inhaltliche Gruppe der Nebensätze bilden *Beziehungssätze*, also Relativsätze im semantischen (!) Sinne. Die folgenden Pronominalsätze beziehen sich (a) auf eine Substantivgruppe – dies ist der Normalfall – und (b) auf den ganzen Satz.

> (a) Ich kaufe mir den Wagen, der zu mir passt.
>
> (b) Ich besitze kein Haus, was für einen Schwaben ungewöhnlich ist.

Der Relativsatz (a) schränkt den Bedeutungsumfang der Substantivgruppe ein und wird deshalb auch als *restriktiv* bezeichnet: Aus der Menge aller Wagen wird nur der zum Sprecher passende gekauft. Als nicht einschränkend, sondern *weiterführend* können solche Relativsätze charakterisiert werden, die einen Gegenstand nicht eingrenzen, sondern wie bei (b) einem Sachverhalt (Haus besitzen) eine weitere Information (für einen Schwaben ungewöhnlich sein) hinzufügen.

Abschließend seien die drei Dimensionen der Nebensatzbestimmung an einem einfachen Beispiel wiederholt:

> Nachdem der Auftrag erteilt war, lieferte der Konzern das Öl umgehend.

Da der Nebensatz mit der Konjunktion **nachdem** eingeleitet wird, liegt ein Konjunktionalsatz vor, dessen finites Verb am Ende steht (Formaspekt). Die Umstellprobe zeigt, dass der Nebensatz satzgliedwertig ist (wie die Studentenbefragung dies anklingen lässt): »Der Konzern lieferte das Öl umgehend, nachdem …« oder »Der Konzern lieferte, nachdem …, das Öl umgehend«. Da »liefern« als Hauptsatzverb nur zwei obligatorische ›Mitspieler‹ (›wer?, wen/was?‹) fordert und diese ›Mitspieler‹ durch »der Konzern« und »das Öl« realisiert sind, kann der Nebensatz kein Subjekt oder Objekt und auch kein Prädikativ sein. Damit bleibt nur das Adverbial übrig (Aspekt der Satzgliedfunktion). Inhaltlich gesehen schließlich liegt ein Temporalsatz vor. Diesen Befund erhärtet die Ersatzprobe durch ein temporales Adverb (z. B. »anschließend«). Diese Zeitlichkeit kann bei Bedarf noch weiter präzisiert werden. Die Auftragserteilung liegt vor der Öllieferung, insofern hat der Nebensatz eine vorzeitige Bedeutung. Man darf sich bei dieser Bestimmung nicht durch das »nach« von **nachdem** irritieren lassen.

7.4 Defekte Sätze

(a) Wir gingen eine Abkürzung die Abkürzung ging viele Stufen hinauf als wir auf der Burg waren spielten wir und suchten nach den Zeichen die die Leute die die Steine angefertigt hatten. (Schüler, Klasse 4)

(b) Der Film hat ein offenes ende der eine Böse ist Tod der andere ist wieder auf freiem Fuß wider. (Schüler, Klasse 9 der Hauptschule[30])

(c) Er bat ihn herein und setzen sich.[31]

(d) Er besaß zwei Autos. Das rote war ein Porsche, das blaue ein VW.

(e) Er besaß zwei Autos. Das rote *Auto* war ein Porsche, das blaue *Auto war* ein VW.

30 Lott (1995) S. 139.
31 Ebd., S. 132.

Sätze wie (d), denen etwas fehlt, das wir aber automatisch ergänzen oder mitverstehen, sind zu unterscheiden von solchen, bei denen die Konstruktion grundsätzlich falsch ist. Diese Unterscheidung führt zu zwei verschiedenen Bezeichnungen, die Beispiele (a) bis (c) sind *Satzbrüche*, (d) ist eine *Ellipse* (Auslassung, Ersparung).

Satzbrüche kommen einerseits als Ausdruck literarischen Gestaltungswillens vor, um emotionale Erregung o. Ä. sprachlich abzubilden. Sie werden dann als *Anakoluthe* den Stilmitteln zugerechnet. Zum anderen finden sich Abbrüche häufig als Ergebnis unzureichender Sprachplanung in der mündlichen Kommunikation (»Ich woll\äh musste dir\dich noch anrufen«) und bei ungeübten Schreibern, wie die obigen Sätze belegen. Der Viertklässler setzt nicht nur keine Punkte und Kommas, um Lesenden die Sprachverarbeitung zu erleichtern, sondern er verheddert sich durch Einschachtelung eines zweiten Relativsatzes, eines Nebensatzes zweiter Ordnung. So wird der erste Relativsatz (»die die Leute …«) nicht zu Ende geführt, z. B. durch »hinterlassen hatten«. Der Satzbruch des Neuntklässlers kommt dagegen durch ein Zuviel, ein Nachklappen des Adverbs zustande. Ein Zuwenig weist (c) auf, denn das Pronomen **sie** in Subjektfunktion fehlt.

Grammatisch akzeptabel ist natürlich Satz (d), obwohl im Vergleich zu Satz (e) Wörter fehlen. Hier handelt es sich um *Ersparungen*, die die Verständigung ökonomischer gestalten. Das Eingesparte wird als Mitgedachtes vom Sprecher/Schreiber vorausgesetzt. Niemand käme auf die Idee, eine knappe Antwort wie »halb acht« auf die Frage nach der Uhrzeit als ungrammatisch zu rügen und auf der Maxime »Antworte immer in einem ganzen Satz« zu bestehen: »Es ist halb acht Uhr«. Ganze Sätze sind nicht immer funktional für die mündliche Kommunikation. Umgekehrt ist es wenig förderlich, durch starre Fragetechniken Ein-Wort-Antworten bei Schülerinnen und Schülern zu provozieren, wie dies in einer zweiten Klasse bei der Erarbeitung von Adjektiven beobachtet werden konnte (L: Lehrer; S 1, S 2: Schüler):

L:	Wie schmeckt das?
S 1:	Schön.
L:	Was tut die Großmutter in die Suppe?
S 2:	Salz.
L:	Ich will nur wissen, wie das schmeckt.
S 2:	Salzig.

Ersparungen können unterschiedliche Ebenen betreffen. Im obigen Fall (d, e) lassen sie sich auf Satzgliedebene beschreiben: Mit »Auto« ist der Kern der Substantivgruppe »das rote Auto« erspart (Kernellipse), mit »war« das Prädikat.

Aber nicht nur vollständig mitverstandene Wörter und Wortgruppen können fehlen, auch Schreibungen wie »zu- und abnehmen« oder »An- und Verkauf« sind Ellipsen (Wortteilellipsen).

Wegen der Prägnanz und leichten Merkbarkeit nutzt die Werbung Ellipsen in großem Umfang. So lautet die knappe Botschaft von Storck Riesen: »Schokolade für Fortgeschrittene. Groß. Dunkel. Stark«.

Ebenfalls in der Wirkung prägnant, aber aus Platzgründen auch zwingend erforderlich, sind journalistische Ellipsen: »Kind verunglückt«; »Mann beißt Hund«; »Brandursache rätselhaft« usw. Schließlich hat eine literarische Ellipse wie in Brechts Gedicht »Fragen eines lesenden Arbeiters« zuspitzende Funktion: »Der junge Alexander eroberte Indien. Er allein?«

Die Beispiele zeigen, dass die Verdichtungsfunktion von Ellipsen je nach der Art und Weise ihres Auftretens genauer bestimmt werden muss.

7.5 Satzformen und Satzarten

»Du kommst« – dies kann ein Aussagesatz sein, ein Ausrufesatz oder ein Fragesatz, je nach Betonung bzw. Satzzeichen. Eine einfache Entscheidung darüber, welche Satzart nun tatsächlich vorliegt, ist also nicht immer gegeben. Während die einen die Betonung zum zentralen Merkmal für die Einteilung machen, gehen andere, auch wir, pluralistisch von mehreren Indikatoren für die Satzart aus.

Bevor dies dargestellt wird, soll als wichtiges Indiz die Satzform selbst angesprochen werden, d. h. die Klassifizierung von Sätzen nach der Stellung des finiten Verbs. Als Kürzel sind dafür *V1*, *V2* und *Vletzt* üblich.

(a) Komm schon her!
(b) Macht das einen Unterschied?
(c) Wer schläft, sündigt nicht.
(d) Was ist denn hier los?

Unschwer zu erkennen sind die Verb-Erststellungen bei (a) und (b). Solche Sätze heißen deshalb auch *Stirnsätze*. Damit wird schon deutlich, dass die Satzform nicht unmittelbar zur Satzart führt, denn (a) ist ein Aufforderungssatz und (b) ein Fragesatz. Etwas schwieriger scheint auf den ersten Blick der komplexe Satz (c) zu analysieren. Er weist als Ganzes eine Verb-Zweitstellung auf (»sündigt«), denn die erste Stelle ist durch einen Subjektsatz besetzt. Verb-Zweitsätze bilden den Normalfall im Deutschen und sind meist Aussagesätze. Wie bei (d) zu sehen ist, steht aber auch in manchen Fragesätzen das finite Verb an zweiter Stelle. Eine Parallelbezeichnung für Sätze mit V2 lautet *Kernsatz*. Der Nebensatz in (c) scheint ebenfalls eine V2-Form zu haben; dies ist hier jedoch nur zufällig so, denn der Satz könnte ausgebaut lauten: »Wer ununterbrochen schläft ...« Damit ist die für einen Spannsatz typische Verb-Letztstellung nachgewiesen. Üblicherweise haben abhängige Nebensätze diese Satzform, seltener Ausrufesätze wie »Dass das nie aufhört!« oder Fragesätze wie »Ob wir je fertig werden?«

Zu den Satzarten im Einzelnen:

Aussagesätze teilen etwas mit, sie stellen fest, behaupten etwas. In der Grundschule wird deshalb etwas vereinfachend von *Erzählsätzen* gesprochen. Neben der V2 ist als Modus der Indikativ der Normalfall. Die Betonung ist als nicht nachdrücklich und gegen Ende hin fallend zu charakterisieren.

Fragesätze gibt es in zwei Hauptvarianten, die oben durch die Sätze (b) und (d) vertreten sind. Die erste Fragesatz-Variante stellt den gesamten Sachverhalt in Frage und kann mit **ja**, **nein** oder einer Relativierung wie **vielleicht** beantwortet werden. Daher wird sie auch als *Entscheidungsfrage* bezeichnet. Das Verb steht an erster Stelle, die Betonung steigt gegen Ende des Satzes an, und es werden typische Partikeln verwendet: »Hat er **überhaupt** *Zeit*?« Die Verb-Zweitstellung mit Frage-Betonung, die in anderen Sprachen üblich ist, stellt im Deutschen eher eine Ausnahme dar (»Du *kommst*?«).

Die zweite Fragesatz-Variante ist die *Ergänzungsfrage*, die wegen des Einleitewortes auch *W-Frage* heißt und neben V2 und bestimmten Partikeln gewöhnlich eine fallende Betonung aufweist. Ein Sachverhalt wird dabei nicht als Ganzes in Frage gestellt, sondern der Sprecher will Teilaspekte davon wissen: ›wann, wer, wo, wie oft, womit …‹ In Lehrgesprächen aller Art, ob in Schule, Hochschule oder Fortbildung ist dieser Gesprächstyp verpönt, weil damit Einwort-Antworten provoziert werden: »Wie heißt das Wiewort noch? – Adjektiv«. Andererseits ist ein dosierter Gebrauch dieses Fragetyps auch im Unterricht normal, denn er entspricht dem alltäglichen Usus: »Wie viel Uhr ist es? – Acht«.

Sonderfälle von Fragesätzen bilden die *rhetorischen Fragen* (»Wollt ihr mehr?«), die keine echten Antworten hervorrufen, und *Alternativfragen*, die zwei oder mehr Möglichkeiten der Antwort zur Auswahl stellen (»Möchten Sie Suppe oder Frühlingsrolle als Vorspeise?«).

Nicht immer ist aber eine sprachliche Äußerung, die als Fragesatz auftritt, auch als Frage zu verstehen. Bekanntlich werden im Deutschen höfliche Bitten gerne in Frageform mit Konjunktiv II vorgebracht, keinesfalls wird jedoch in solch einem Falle eine Antwort erwartet, sondern das Erfüllen der Bitte: »Würden Sie mir bitte das Brot herüberreichen?«

Aufforderungssätze haben klassisch die bei (a) gezeigte Form, sie werden mit Nachdruck artikuliert, und das Verb steht im Imperativ. Das Deutsche ist besonders kreativ im Vermeiden dieser klassischen Form. Je nach Aussageabsicht steht eine Palette sprachlicher Alternativen bereit, z. B.:

- Herkommen! (Infinitiv, Ellipse)
- Du sollst kommen! (Modalverb, V2)
- Wirst du wohl herkommen!
  (V1, Entscheidungsfrageform)
- Ob du mal kommen könntest?
  (Die Konjunktion »ob« leitet einen Spannsatz ein, die Partikel »mal« und der Konjunktiv II signalisieren geringere Verbindlichkeit; Frage-Betonung)
- Du darfst jetzt herkommen.
  (Kernsatz im Lehrer-Duktus: das Modalverb »dürfen« verschleiert, dass der Betreffende kommen *muss*).

Gerne eingesetzt werden typische Aufforderungssätze immer noch in der Werbesprache, obwohl man eher die Verwendung eines unterschwelligen Kaufappells erwarten würde; immerhin fehlt das Ausrufezeichen als Nachdrücklichkeitssignal: »Entdecke und genieße das Geheimnis von Golden Kaan«; »Verlassen Sie sich auf ContiWinterContact Reifen«.

Im Gegensatz zur landläufigen Meinung wird nicht jeder Aufforderungssatz durch ein Ausrufezeichen markiert. Dies ist nur bei Nachdrücklichkeit der Fall (vgl. § 69 der amtlichen Regelung). So vermeidet man beispielsweise in Schulbüchern einen Befehlston und schließt Anweisungen mit Punkt ab: »Schreibe die Sätze aus dem Kasten ins Heft. Färbe die Satzzeichen«.

Ausrufesätze benötigen nicht unbedingt einen Adressaten. Sie werden mit Nachdruck gesprochen, entsprechend steht das Ausrufezeichen. Hinsichtlich der Form können sie variieren. Oben wurde ein **dass**-Satz angeführt (S. 140), aber auch Kernsätze wie »Du bist aber mutig!« sind möglich. Beide Beispiele zeigen die emotionale Reaktion des Erstaunens an.

Wunschsätze benötigen ebenfalls keinen Adressaten und haben sowohl Spannsatzform (»Wenn doch endlich dieser Winter vorüber wäre!«) als auch Stirnsatzform (»Wär' doch ...!«). Der Konjunktiv II (»wäre«) zeigt, dass das Gewünschte noch nicht eingetreten ist oder gar nicht eintreten kann.

Anwendungsaufgaben

Am Beispiel eines konkreten Textes, eines Küchenrezepts, können Nutzer dieser Kompaktgrammatik an ausgewählten Phänomenen testen, ob sie ihr grammatisches Grundwissen erfolgreich aufgefrischt oder sogar erst neu erworben haben. Am Ende sollte darüber hinaus deutlich werden, warum dieser Text sprachlich so und nicht anders beschaffen ist.

Die Aufgaben folgen nicht der Systematik des Buches, sondern orientieren sich an der Reihenfolge im Text.

1
Lachs satt – ein Rezept für die schnelle Küche

2
Geräucherter oder gebeizter Lachs ist heutzutage keine Delikatesse, die unerschwinglich teuer wäre. Jeder Supermarkt bietet entsprechende Massenprodukte von oft gleichförmigem Geschmack an. Wir empfehlen daher, den Edelfisch einmal selbst haltbar zu machen. Besonders einfach geht das Beizen.

3
Sie brauchen dazu

- ein nicht zu dünnes Lachsfilet
- 200 bis 300 g Zucker
- 200 bis 300 g Salz
- Piment, Wacholder, weiße und schwarze Pfefferkörner, Rosa Beeren (»roter Pfeffer«) sowie Dill

4
Salz und Zucker vermengen, Pfefferkörner zerstoßen und alle Gewürze untermischen.
Den Dill zupfen und direkt auf das gesäuberte Lachsfilet auflegen. In eine Schale zuerst etwas von der Beizmischung geben, den Lachs darauf legen und mit der restlichen Mischung bedecken.
Etwa einen Tag im Kühlschrank abgedeckt einwirken lassen, dann abspülen und abtrocknen.

5
Eine Geschmacksvariante erhalten Sie, wenn Sie zum Beispiel Orangenscheiben mit Orangenlikör auf das Filet geben.

Aufgaben

Zu Abschnitt 1:

(1) Inwiefern ist das Attribut in *Lachs satt* auffällig? (→ Kap. 6, S. 118)

Zu Abschnitt 2:

(2) Wie viele Satzglieder (ausgenommen *ist*) enthält der erste Satz? (→ Kap. 5, S. 98)

(3) Welche Satzgliedfunktion hat die Wortgruppe ab *keine*? Welche Satzgliedfunktion hat der Pronominalsatz (Relativsatz)? (→ Kap. 5.4, 6, 7.3; S. 108, 117f., 132)

(4) Bestimmen Sie die Wortart und die Satzgliedfunktion von *heutzutage*. (→ Kap. 4.7, 5.5; S. 72f., 110f.)

(5) Welcher Modus wurde bei *wäre* aus welchem Grund gewählt? (→ Kap. 4.2, S. 41 f.)

(6) Wie sind die Stellungsfelder im zweiten Satz gefüllt? Ist der Normalfall realisiert oder liegt eine ungewöhnliche Abfolge vor? (→ Kap. 7.1, S. 121–125)

(7) Das Artikelwort vor *Supermarkt* entstammt der Wortart … (→ Kap. 4.5, S. 65)

(8) Welche Form hat das Attribut rechts von *Massenprodukte*? (→ Kap. 4.8, 6; S. 83)

(9) Welche zwei ›Mitspieler‹ fordert das Verb *empfehlen*? (→ Kap. 4.2, S. 44)

(10) Besteht das Akkusativobjekt im dritten Satz aus einem Nebensatz? (→ Kap. 7.3, S. 131)

(11) Zu welcher Wortart gehört hier mit welcher Begründung *daher*? (→ Kap. 4.7, S. 76 f.)

(12) Im vierten Satz ist *Beizen* substantiviert (nominalisiert). Welcher Nachweis für die Substantivierung ist außer der Artikelprobe möglich? (→ Kap. 4.3, S. 53)

(13) Drei der Adjektive im gesamten Abschnitt sind leicht an ihren Suffixen zu erkennen. (→ Kap. 3, S. 26)

Zu Abschnitt 3:

(14) Sämtliche Zutaten sind grammatisch ein Satzglied. Warum? (→ Kap. 5.3, S. 104)

Zu Abschnitt 4:

(15) Es ist auffällig, aber für die Textsorte üblich, dass in allen Sätzen ein Satzglied fehlt und das Verb eine besondere Form hat. Weshalb ist beides sinnvoll? (→ Kap. 4.2, 7.4; S. 35, 136–139)

(16) Zu welcher semantischen Untergruppe der Adjektive gehört *restlich*? Welche Konsequenzen hat dies für die Formenbildung? (→ Kap. 4.6)

(17) Bei *etwa einen Tag* liegt kein Akkusativobjekt vor, sondern ... (→ Kap. 4.5)

(18) Die zeitliche Reihenfolge der Tätigkeiten wird durch zwei Adverbien verdeutlicht. Welche sind das? (→ Kap. 4.7)

Zu Abschnitt 5:

(19) Welche inhaltlichen Dimensionen enthalten der Nebensatz und die Präpositionalgruppe? (→ Kap. 4.8, 4.9, 7.3; S. 84, 90, 133)

(20) Wie viele Komposita entdecken Sie im gesamten Text? Wie ist die Häufung zu erklären? (→ Kap. 3, S. 23–26)

(21) Warum könnten Schreiblerner bei der Bezeichnung des Fisches Fehler machen? (→ Kap. 2, S. 18)

Lösungshinweise zu den Anwendungsaufgaben

(1) Die Nachstellung eines (unflektierten) adjektivischen Attributs kommt sehr selten vor. Üblicherweise steht dieses vor dem Kern der Substantivgruppe.

(2) Obwohl der Satz, abgesehen vom Verb, aus elf Wörtern besteht, enthält er nur drei Satzglieder. Die Ersatzprobe zeigt, dass die ersten vier Wörter durch ein einziges Wort (z. B. *Lachs*) zu ersetzen wären, und auch die Wortfolge von *keine* bis *wäre* ließe sich ebenfalls durch ein einziges Wort, etwa *Massenware*, ersetzen.

(3) Es liegt ein Prädikativ mit substantivischem Kern vor. *Lachs* und *keine Delikatesse* … stehen im gleichen Kasus, hier im Nominativ, und werden gleichgesetzt. Gefordert wird das Prädikativ vom Kopulaverb *sein* (*ist*).

(4) Die Ersatzprobe durch das typische Adverb *jetzt* belegt die Zuordnung von *heutzutage* zu der Gruppe der Adverbien, außerdem weist die temporale Bedeutung auf eine typische semantische Dimension dieser Gruppe hin. Neben der fehlenden Flektierbarkeit ist für diese Wortart weiterhin kennzeichnend, erststellenfähig zu sein. Diese Erststellenfähigkeit zeigt sich nach einer Umstellung: *Heutzutage ist* … Das Adverb füllt hier die Satzgliedstelle eines Adverbials aus. Andere Möglichkeiten, die Satzgliedstelle eines Adverbials zu belegen, bestünden in der Verwendung von Präpositionalgruppen, Nebensätzen usw.

(5) Der Konjunktiv II, hier durch Umlaut und *-e* abgeleitet vom Präteritum *war*, verweist auf die Irrealität der Annahme *teuer sein*.

(6) Da im Vorfeld mit *jeder Supermarkt* das Subjekt des Satzes steht, wird der Normalfall (die Reihenfolge im Satz: Subjekt – Prädikat – Objekt) realisiert. Die Finit-Stelle ist durch *bietet* belegt, das Mittelfeld durch ein komplexes Akkusativobjekt (siehe Aufgabe 8). Der Verbalkomplex enthält die Verbpartikel *an*, das Nachfeld ist nicht besetzt.

(7) Das Artikelwort *jeder* entstammt der Wortart Pronomen, genauer den Indefinitpronomen.

(8) Es liegt eine Präpositionalgruppe vor, die durch *von* im Kasus regiert wird (hier: Dativ).

(9) Das Verb *empfehlen* fordert einen »Täter« (Agens) im Nominativ und etwas, das empfohlen wird, im Akkusativ.

(10) Das Akkusativobjekt besteht aus einer Infinitivgruppe, die nach dem Komma beginnt. Eine solche satzwertige Infinitivgruppe gehört nicht zu den typischen Nebensätzen.

(11) *Daher* gehört zu den Adverbien (siehe Aufgabe 4). Dieser Vertreter der Wortart trägt jedoch eine kausale Bedeutung (»aus diesem Grund«), verweist auf Vorangegangenes und verknüpft so den dritten Satz mit dem zweiten.

(12) Eine verlässliche Identifizierung von Substantiven und Substantivierungen ermöglicht die Attribuierung durch ein Adjektiv: *das traditionelle Beizen …*

(13) An ihren Suffixen (*-lich*, *-ig* und *-bar*) leicht zu erkennen sind die Adjektive *unerschwinglich*, *gleichförmig* und *haltbar*.

(14) Das Verb *brauchen* fordert jemanden, der etwas braucht, und etwas, das gebraucht wird. Da Letzte-

res im Akkusativ steht, handelt es sich bei der Zutatenliste um ein Akkusativobjekt.

(15) Die elliptischen Sätze entbehren jeweils des Subjekts. Dieses wird von den Lesern mitverstanden, denn der Text richtet sich an diejenigen, die das Rezept handelnd umsetzen wollen, es gibt also keinen spezifisch erst festzulegenden Adressaten. Insofern kann auf das Subjekt problemlos verzichtet werden. Parallel dazu wird das Prädikat nicht durch ein Merkmal »Person« gekennzeichnet. Die Infinitive sind weder nach Person noch nach anderen grammatischen Merkmalen ›markiert‹. Infinitive können verwendet werden, um Aufforderungen zu signalisieren (*Aufstehen! …*)

(16) Das Adjektiv *restlich* gehört zu den relationalen Adjektiven. Es gibt eine Bezugsgröße an, hier den Rest. Damit entfällt die Steigerungsform bzw. Komparation (**restlichste*).

(17) Der Artikel zeigt bei einem Maskulinum den Kasus eindeutig an. Der damit angezeigte Akkusativ (*den …*) ist nicht vom Verb abhängig. Folglich fungiert die Wortgruppe nicht als Objekt, sondern als Adverbial. Man kann also von einem »adverbialen Akkusativ« sprechen.

(18) Die erfragten Adverbien sind *erst* und *dann* (siehe Aufgabe 4).

(19) Der Nebensatz ist inhaltlich ein Bedingungssatz, ein Konditionalsatz. Diese Semantik ist schon an der typischen Konjunktion *wenn* ablesbar. Die Präpositionalgruppe (*auf das Filet*) nimmt eine räumliche Einbettung vor, sie hat lokale Bedeutung. Da *auf* hier den Akkusativ regiert, ist die Richtung angesprochen.

(20) Es wurden zehn Komposita verwendet: *Supermarkt*, *Massenprodukte*, *Edelfisch*, *Lachsfilet*, *Pfefferkörner*, *Beizmischung*, *Kühlschrank*, *Geschmacksvariante*, *Orangenscheiben*, *Orangenlikör*. Komposita haben eine Präzisierungsfunktion. Das Rezept erfordert eine derart genaue Festlegung vor allem bei den Zutaten, damit die Umsetzung überhaupt gelingen kann.

(21) Die Beziehung zwischen Lauten und Buchstaben ist bei *Lachs* deshalb nicht ganz einfach, weil bei *ch* ein /k/ zu hören ist und mit *x* eine weitere Schreibvariante möglich wäre. So gibt es auch das Adjektiv *lax*. Die Verschiedenschreibung hält verschiedene Bedeutungen fest.

Glossar

Da bestimmte Fachbegriffe im vorliegenden Buch schon Verwendung finden, bevor sie in den entsprechenden Kapiteln in ihrem jeweiligen Zusammenhang genauer erläutert werden, sollen nachfolgend einige erste Verstehenshilfen gegeben werden. Diese wollen und können keine umfassenden Definitionen ersetzen.[32] Mit fortschreitender Lektüre der Kapitel werden wichtige Fachbegriffe überdies aus dem Text selbst deutlich.

Adverbial Vom Verb in der Regel nicht geforderte Angabe im Satz; Umstandsbestimmung.

Akkusativ Wen-Fall.

Attribut Beifügung, meist zu Substantiven; Attribute sind Teile von Satzgliedern.

Dativ Wem-Fall.

Deklination Flexion bei Substantiv, Artikel, Pronomen und Adjektiv.

Femininum Weibliches grammatisches Geschlecht.

finites Verb, auch *Finitum* oder *Personalform* Durch eine Verb-Endung am rechten Wortrand ›geschlossene‹ Form des Verbs wie **(du) schreibst, (ihr) wollt, (ich, sie) war.** Gegensatz: *infinite* Formen wie **schreiben, schreibend, geschrieben.** An letzteren Formen ist keine Person ablesbar.

Flexion Beugung; Veränderung mehrerer Wortarten, z. B. nach Kasus usw. (Substantiv), Person usw. (Verb).

Genitiv Wessen-Fall.

Genus Grammatisches Geschlecht; das Genus muss nicht

32 Vgl. hierzu Kürschner (2003).

mit dem natürlichen Geschlecht übereinstimmen (**das Männchen; der Löffel**).

Genus Verbi Handlungsrichtung; die beiden Genera Verbi des Deutschen sind Aktiv und Passiv.

Imperativ Befehlsform des Verbs (**lies!, lauft!**).

Indikativ Wirklichkeitsform, der am häufigsten genutzte Modus.

Kasus (Plural: *Kasus* mit langem *u*) Fall; es gibt im Deutschen vier Kasus, die Hinweise auf die Satzgliedfunktion der entsprechend markierten Ausdrücke geben (Nominativ, Genitiv, Dativ, Akkusativ).

Kohäsionsmittel Mittel zur Textverknüpfung.

Kompositum Zusammensetzung aus zwei Hauptbedeutungsträgern (**Schreibtisch, dunkelbraun**).

Konjugation Flexion beim Verb.

Konjunktiv Möglichkeitsform (Konjunktiv I: **sie sei, sie fliege**) bzw. Form für Wunsch- und Irrealitätsanzeige (Konjunktiv II: **sie wäre, sie flöge**).

Konsonant Laut, der durch Behinderung oder Verschluss des beim Atmen austretenden Luftstroms gebildet wird (/**b**/, /f/, /l/ …); Mitlaut.

Maskulinum Männliches grammatisches Geschlecht.

Modus Aussageweise, Geltungsgrad von Aussagen; für das Deutsche werden üblicherweise drei Modi angenommen: Indikativ, Konjunktiv (I und II) und Imperativ.

Morphem Kleinste bedeutungstragende Spracheinheit, Wortbaustein.

Neutrum Sächliches grammatisches Geschlecht.

Nominativ Wer-Fall.

Numerus Grammatische Zahl.

Objekt Vom Verb geforderte Ergänzung im Satz (**Sie begrüßten den Gast**).

Plural Mehrzahl.

Prädikat Satzaussage.

Prädikativ Auf das Subjekt oder das Objekt bezogenes Satzglied, das von bestimmten Verben gefordert wird und Teil des Prädikats ist.
Präfix Vorangestellter Wortbaustein (z. B. **ver-**, **be-**, **zer-**).
Präsens Unmarkierte Tempusform des Deutschen, u. a. Anzeige der Gegenwart oder der Allgemeingültigkeit.
Präteritum Einfache Vergangenheitsform, Anzeige von Vergangenem oder Vorgestelltem.
Satzglied Durch Umstell- oder Ersatzprobe bestimmtes Wort oder Wortgruppe.
semantisch Die Bedeutung eines Ausdrucks, nicht seine Form betreffend.
Silbe Artikulationseinheit, die in der Regel einen Vokal enthält (geschrieben: **lo-ben**).
Singular Einzahl.
Stamm Hauptbedeutungsträger, an den Präfixe und Suffixe herantreten können.
Subjekt Satzgegenstand; Lebewesen, Gegenstand, Sachverhalt, worüber etwas ausgesagt wird.
Suffix Nachgestellter Wortbaustein, Endung; zu unterscheiden sind Flexionsendungen (**komm|st**) und Wortbildungsendungen (**Wohn|ung, traur|ig**).
Tempus Zeitform; Tempora sind Präsens, Präteritum, Perfekt, Plusquamperfekt und Futur (I, II).
Vokal Laut, der ohne Behinderung des Luftstroms gebildet wird (/**e:**/ /**i:**/); Selbstlaut.
Zirkumfix Den Stamm umschließender zweiteiliger Wortbaustein (z. B. **Ge - e** in **Ge**|**red**|**e**).

Literaturhinweise

Die amtliche Regelung der deutschen Rechtschreibung. In: Dudenredaktion (Hrsg.): Die deutsche Rechtschreibung. 24., völlig neu bearb. und erw. Aufl. Mannheim [u. a.] 2006. S. 1161–1216.

Dudenredaktion (Hrsg.): Deutsches Universalwörterbuch. Neu bearb. und erw. Aufl. Mannheim [u. a.] 42001.

Dudenredaktion (Hrsg.): Die Grammatik. 7., völlig neu erarb. und erw. Aufl. Mannheim [u. a.]. 2006. [Zit. als: Grammatik-Duden.]

Dudenredaktion (Hrsg.): Schüler-Duden Grammatik. Eine Sprachlehre mit Übungen und Lösungen. Aktual. und erw. Aufl. bearb. von Peter Gallmann und Horst Sitta unter Mitarb. von Roman Looser. Mannheim [u. a.] 41998.

Eisenberg, Peter: Grundriss der deutschen Grammatik. Bd. 2: Der Satz. Überarb. und aktual. Aufl. Stuttgart/Weimar 22004.

Fleischer, Wolfgang / Barz, Irmhild: Wortbildung der deutschen Gegenwartssprache. Tübingen 21995.

Frugoni, Chiara: Das Mittelalter auf der Nase. Brillen, Bücher, Bankgeschäfte und andere Erfindungen des Mittelalters. Aus dem Ital. übers. von Verena Listl. München 2003.

Gallmann, Peter / Sitta, Horst: Deutsche Grammatik. Orientierung für Lehrer. Zürich 1996.

Helbig, Gerhard / Buscha, Joachim: Deutsche Grammatik. Ein Handbuch für den Ausländerunterricht. Leipzig [u. a.] 161994.

Klotz, Peter: Auf Verbindungen warten können. Von sprachtypischen Klammerstrukturen zu sprachlichem Basiswissen. In: P. K. / Ann Peyer (Hrsg.): Wege und Irrwege sprachlich-grammatischer Sozialisation. Baltmannsweiler 1999. S. 185–199.

Köpcke, Klaus-Michael: »Die Prinzessin küsst den Prinz« – Fehler oder gelebter Sprachwandel. In: Didaktik Deutsch 10 (2005) H. 18. S. 67–83.

Kürschner, Wilfried: Grammatisches Kompendium. Tübingen/Basel 42003.

Lott, Martin: Fehleranalyse im Vergleich. In: karlsruher pädagogische beiträge 36 (1995) S. 126–168.

Risel, Heinz: Schlaglichter auf Wissensbestände. Anmerkungen zu »Lernbiografien«. In: Peter Klotz / Ann Peyer (Hrsg.): Wege und Irrwege sprachlich-grammatischer Sozialisation. Baltmannsweiler 1999. S. 53–60.

Schneider, Wolf: Deutsch fürs Leben. Was die Schule zu lehren vergaß. Reinbek bei Hamburg 1998.

Sick, Bastian: Der Dativ ist dem Genitiv sein Tod. Ein Wegweiser durch den Irrgarten der deutschen Sprache. Köln [8]2004.

Sommerfeldt, Karl-Ernst / Starke, Günter: Einführung in die Grammatik der deutschen Gegenwartssprache. Neu bearb. Aufl. Tübingen [2]1992.